학교 내 사회복지실천 사례집

네모난 학교 속 동그란 아이들의 성장 이야기

유호태 · 우선희 · 박연주 · 선주용 · 신윤주
심지온 · 양서아 · 정미향 · 최종일 · 최종진

KNOWLEDGE COMMUNITY 공동체

자문사

우선 학교 내 사회복지실천 현장을 담은 사례집 『네모난 학교 속 동그란 아이들의 성장이야기』 발간을 진심으로 축하합니다. 또한 이 의미 있는 책에 제가 자문사를 쓰게 된 것을 영광으로 생각합니다.

지금으로부터 거의 20여년 전 학교사회복지라는 나무에 꽃을 피우겠다는 큰 뜻을 품고 학교 현장에 발을 디딘 사회복지사들이 있었습니다. 이들은 초기에는 학교사회복지사라는 이름으로, 나중에는 지역사회교육전문가, 프로젝트 조정자, 교육복지사라는 다양한 명칭으로 공교육 체계 내에서 사회복지서비스를 제공하는 역할의 모습을 다각도로 실천해 나갔습니다. 이들은 결국 교육정책상 모두 교육복지우선지원사업 현장에 몸담게 되었고 각자 나름대로의 경력과 노하우를 쌓아가며 현장에서 실력을 인정받는 전문가가 되었지만 항상 자기 계발과 전문성 향상에 목말라 했습니다. 즉, 자신이 지금 하고 있는 방법이 정말 학생들에게 가장 효과적으로 도움을 주는 방법인지, 더 나은 방법과 기술은 없을지에 대해 고민할 뿐 아니라 앞으로 학교 현장에 와서 같이 활동할 후배들에게 조금이라도 도움을 줄 수 있는 멘토의 역할까지도 고심했습니다. 그 고민의 과정에 저도 함께 했었기에 이분들의 초심을 누구보다 잘 알고 있다고 감히 말씀드릴 수 있습니다.

이들은 이후 사회복지실천의 기본 가치, 지식, 기술 등 이론들을 심도 있게 연구하였고 학교 내에서 전문가만이 할 수 있는 '사회복지교육'에 대해서도 이론적으로 공부하였으며 정기적인 사례협의회, 매년 동·하계 워크숍, 2018년 한·일 교류 국제세미나, 지역사회 내 대학교 특강 등을 통해 전문성 향상을 위한 노력을 꾸준히 해왔습니다. 더욱이 수년에 걸쳐 현장을 기반하여 연구·개발한 교내 자원봉사 프로그램 '두나(두루나눔)프로젝트'는 한국학교사회복지학회 학술대회에서 우수포스터발표상을 수상하고 실제로 교육복지사들이 학교 현장에서 학생들을 대상으로 실행함으로써 학생들의 자아존중감, 이타심, 타인 존중의식을 높이는 데 기여하였습니다.

이 책의 필진인 학교사회복지사들은 10여 년간 정기적인 사례회의를 통하여 성공적인 사례뿐 아니라 실패하거나 중단된 사례 등 다양한 사례들을 발표하고 의견을 나누며 슈퍼비전을 받는 과정을 가졌습니다. 저는 이 과정에 자문으로 참여하면서 학교사회복지사뿐 아니라 학생들이 한 걸음씩 한 걸음씩 성장하는 모습을 보았습니다. 성공, 실패, 고민, 이 모든 것들은 성장의 과정이었습니다. 저는 수년 전부터 이런 사례들을 모아 어떠한 형태로든, 어떠한 규모로든 사례

집을 발간하는 것이 학교사회복지사 개인에게, 그리고 학교 현장과 학교사회복지 실천 현장에 도움이 되고 의미 있는 일이라고 생각해 왔습니다. 사례집 발간이 생각한 것보다는 다소 시간적으로 늦어졌지만 "지금이 가장 적기다(There's no time like the present.)"라는 말이 있듯이 지금이 최적기이며 또 다른 발전을 도약하는 시작이 되리라 생각합니다.

이 사례집은 학교사회복지사들의 활동 및 학생, 가정, 학교, 지역사회 간 교류의 기록으로 학생과 학생을 둘러싼 환경체계의 성장 모음입니다. 이번 사례집이 현장의 많은 실천가와 학교사회복지를 알아가고자 하는 많은 이들에게 도움이 되기를 바랍니다.

그간 학교사회복지 현장을 올곧게 지키면서 사례집을 집필한 저자들에게 칭찬과 격려를 드립니다. 또한 이 책의 출간을 지원해 주신 충청북도교육도서관과 도서출판 공동체 관계자 여러분께 진심으로 감사의 말씀을 드립니다.

2025년 11월

김혜래(가톨릭꽃동네대학교 사회복지학과 명예교수)

발간사

『네모난 학교 속 동그란 아이들의 성장 이야기』는 다양한 학교 현장에서 만난 학생과 가정의 이야기를 에세이 형식으로 풀어낸 사례집입니다.

이 책은 단순한 사례의 나열을 넘어, 각 사례에 적용된 이론을 분석하고 그것이 사회복지실천 현장에서 어떻게 구현되었는지를 살펴볼 수 있도록 구성했습니다.

또한 동료 슈퍼비전을 통해 각자의 경험을 나누고, 새로운 접근법을 함께 모색했던 흔적들을 담았습니다.

우리는 이 책을 통해 독자 여러분이 "나라면 어떻게 접근할 수 있을까?"라는 질문을 던져보며, 각 사례를 함께 고민하고 토의해 보는 시간을 가졌으면 합니다.

이 책에 담긴 우리의 접근법은 정답이라기보다, 수많은 가능성 중 하나일 뿐입니다. 현장은 늘 변화하고, 우리는 그 안에서 배우고 성장하며, 때로는 부족함과 실패를 통해 더 깊은 실천을 찾아가고 있습니다. 그 과정에서 얻은 깨달음과 배움을 솔직히 나누고자 이 책을 엮었습니다.

우리는 이 책이 일반적인 사례집이나 이론서가 아니라, 학교 현장을 더 깊이 이해하고 배운 지식을 실천으로 이어주는 따뜻한 다리가 되기를 바랍니다. 오늘도 각자의 자리에서 더 나은 실천을 고민하며 학교사회복지라는 꽃을 피워가는 여러분과 함께, 이 긴 길을 천천히 걸어가고 싶습니다.

2025년 11월
저자 일동

Contents
차례

PART 2 프로그램 운영 사례

부록 연구 개발 프로그램

PART 1

개별개입 사례

이 책에 등장하는 학생의 이름은
개인정보보호를 위해 모두 가명으로 처리하였습니다.

Chapter

01

학생 개인의 변화와 학교 적응

1. Good Bye~ 난타 동아리
   학교 부적응 성향을 보이는 학생들에 대한 개입 사례

2. 청소년의 자기결정권, 어떻게 실천하면 좋을까요?
   교실 입실을 거부하는 학생에 대한 개입 사례

3. 비행(飛行)을 꿈꾸며
   청소년 비행문제에 따른 생활지도 사례

4. 한 걸음, 한 걸음, 너와 함께
   사회기술훈련이 필요한 학생 지원 사례

1

Good Bye~ 난타 동아리

학교 부적응 성향을 보이는 학생들에 대한 개입 사례

복직 후 달라진 학교 현장

첫째 아이 육아휴직을 마치고 학교에 복귀했다. 교육복지사로서의 근무 경력이 오래되지 않았던 차에 육아휴직으로 장기간 자리를 비우고 나니 학교 업무부터 학생들까지 모든 것이 낯설고 어렵기만 했다. 그런데다 당시 학교는 지도와 관심이 필요한 중학교 2학년 학생 문제로 교직원들의 고민과 시름이 깊었는데, 그중에는 교육복지 대상 학생인 진우와 친구들도 있었다.

진우와 친구들이 보이는 문제행동은 아주 다양했다. 무단지각, 무단결석, 수업 도중 교실 이탈, 교내외 흡연, 교사에 대한 욕설, 교사 지시 불이행 등을 비롯한 교권 침해, 수업 방해, 학교폭력, 절도, 사기, 무면허 오토바이 운전, 가출….

다양한 문제행동 양상만큼이나 진우와 친구들의 배경도 다양했다.

진우는 학교 인근 영구임대아파트에서 혼자 살고 있었는데 어머니는 타 지역에서 야간업소 일을 하느라 근처에 사는 외할머니가 종종 방문하여 식사 정도만 챙겨주는 상황이었다.

진우의 친구들은 아버지가 조직폭력배인 친구, 일찍부터 사기 전과가 있는 친구, 전직 야구선수 출신 아버지의 폭력 성향으로 무기력한 친구, 단순히 일탈을 경험해 보고 싶어 무리에 들어온 친구 등, 저마다의 사연을 가지고 있었다.

진우와 친구들을 위한 학교의 노력

진우와 친구들의 문제행동과 가정 상황을 모르는바 아니었기에 학교에서는 학생들의 마음을 읽어주기 위해 많은 노력을 기울였다. 생활부장 교사는 다년간 생활지도 업무를 하며 다져진 내공을 바탕으로 상벌점을 적절히 활용하여 학생들을 능숙하게 지도하였고, 고경력의 어떤 교사는 자신이 배운 모래놀이 치료 프로그램으로 학생들과 소통하려 애썼다. Wee클래스와 교육복지실에서는 학생들이 늦잠으로 연락 없이 등교하지 않을 때마다 직접 가정으로 찾아가 학생들을 깨웠고, 교사와의 갈등이나 수업 부적응으로 힘들어 교실을 뛰쳐나올 때는 언제든지 쉬며 환기할 수 있는 공간을 만들어 주었다. 도움을 줄 수 있는 모든 선생님이 총동원되어 시간마다 맞춤식 대안교육[1]을 운영해 주기도 하였다.

그 모든 노력에도 불구하고 상황에 큰 진전 없이 그렇게 학년말을 향해 가고 있을 즈음, 학부모 회장의 소개로 난타 선생님을 알게 되었다. '욕구를 어디에 분출하지 못해 선생님께, 혹은 친구들에게, 혹은 건강하지 못한 방법으로 발산하고 있는 것이라면…. 그래서 난타를 통해 북을 두드리며 마음에 있는 것들을 일부 해소할 수만 있다면….' 하는 아주 작은 기대를 갖고 급하게 학년말 프로그램으로 난타 동아리 운영을 시작했다.

난타, 그 매력 속으로

진우와 친구들의 반응은 기대와는 달리 음악에 맞춰 북을 두드리는 활동이 무척 시시해 보이는 듯했다. 하는 수 없이 약간의 강제성을 부여하기로 했다. 수차례 선도위원회에서 교내봉사, 사회봉사, 교육지원청 Wee센터, 특별교육, 청예단(청소년폭력예방재단) 교육, 출석정지 등의 징계처분을 받고, 아직 이수하지

1 「대안교육」이란 개인적 특성과 필요에 맞는 다양한 교육내용 및 교육방법을 통하여 개개인의 소질과 적성 개발을 목적으로 하는 학습자 중심의 교육을 말한다. 일반적으로 재단, 종교단체, 시민단체, 개인 등 민간에서 대안교육기관을 설립하여 운영하는 경우가 많으나 공교육 체계 안에서의 공립 대안학교, 일반 학교에서 운영하는 대안교실 등도 대안교육의 한 형태로 볼 수 있다.

못한 징계가 많이 남아있던 학생들에게 난타 동아리 수업에 참여하는 것을 남은 징계 시간 이수로 인정해 주기로 한 것이다. 더 높은 징계를 받은 것이 또래들 사이에서 자랑처럼 회자되고 무단결석과 지각, 조퇴를 매일같이 하면서도 유예되지 않도록 출석일수를 챙기는 아이들이었기에 난타 수업에 오기만 하면 징계 시간 인정을 해주겠다는 제안은 그리 나쁘지 않은 조건처럼 여겨졌다.

그렇게 난타수업이 시작이 되었지만 한 회기 한 회기 운영이 쉽지는 않았다. 진우와 친구들 입장에서는 난타가 별 매력이 없었기에 집중력이 오래 갈 수 없었다. 학생들을 참여시키는 데는 성공했지만, 목적하는 바를 이루기 위해 또 다른 묘수가 필요했다. 이번에는 간식을 충분히 지원하기로 했다. 일정 시간 수업에 집중하면 쉬는 시간에 치킨, 피자, 햄버거 등 진우와 친구들이 좋아하는 간식을 매 회기 지원해 주었다. 징계 시간에 대한 인정과 간식 덕분에 그래도 이제는 배움의 시간이 조금씩 더 늘어갔다. 시간이 지날수록 그중에서 흥미를 느껴 빠져드는 친구들이 생겨나기 시작했다. 한 곡을 거의 다 익힐 정도로 배우고 나니 북을 두드리고 땀을 흘리며 무언가 답답한 마음이 뻥 뚫리는 느낌을 경험해 가는 친구들도 있었다.

학생들의 참여를 유도하기 위해 나름 매력적인 제안과 보상으로 시작된 난타 프로그램은 무사히 겨울방학에도 진행이 되었다. 단잠과 노는 것을 포기하고 과연 학생들이 올 것인가 걱정이 많았지만, 함께 노는 친구들을 다 이곳에서 만날 수 있고, 오면 밥까지 해결되니 제법 출석률이 좋았다. 무리 중 다소 소극적이거나 댄스가 부담스러운 학생들은 음악을 틀어주고 꺼주는 역할이나 사진이나 영상 촬영 등의 일을 담당하며 난타 동아리원 전원이 방학 내 함께하였고 아주 파워풀한 난타 무대가 만들어지고 있었다.

구슬땀의 결과, 칭찬으로 변화되는 아이들

방학도 마다치 않고 구슬땀을 흘려준 진우와 친구들에게 노력에 대한 보상과 성취의 경험을 느끼게 해주고 싶어 긴급하게 학교의 협조를 구해 예정에 없던 입학식 식전 공연으로 난타 순서를 넣었다. 평소 돌발행동을 많이 하는 까닭에 우려의 목소리가 컸지만, 입학식 공연은 성공적이었다. 무엇보다 진우와 친구들을 바라보는 교직원들의 시선이 달라졌다. 새로 발령받아 온 교감은 너무 잘한다고 칭찬하며 지역 축제에도 나가보자고 학생들에게 동기부여를 해주었다.

입학식 무대에서 이제껏 들어보지 못한 칭찬과 격려, 제대로 동기부여를 받은 진우와 친구들은 실제로 지역 축제에 나가 동상을 수상했다. 이후 학교 축제에서도 화려한 퍼포먼스와 함께 열정의 무대를 보여주었고, 다른 학교 축제에 섭외되어 초청 공연을 하기도 했다. 그리고 마지막 피날레는 자신들이 졸업하는 졸업식 공연으로 대망의 마침표를 찍었다. 후회 없이 놀았고, 반항도 해보았고, 열정을 불태우기도 했던 중학교 시절. 졸업을 앞두고 2학년 시절을 돌아보며 2학년 때는 어떻게 그런 용감한 행동을 할 수 있었는지, 지금 하라고 하면 못할 것 같다며 1년 새 철이 든 말을 한다.

추억 속의 난타 동아리

이제는 어엿한 직장인이 되었거나 작은 사업을 하거나, 더러는 가정을 이루기도 하고 대학교에서 공부하기도 하고…. 각자 자신만의 삶을 충실히 살아가고 있는 우리 멋쟁이들. 진우와 친구들로 인해 생겨난 난타 동아리는 이후에도 비슷한 성향을 가진 후배들 지도에 유용하게 활용되었다. 이제는 학생들의 학교 적응을 돕는 프로그램이기보다는 누구나 원하는 아이들이 배울 수 있는 방과후학교 프로그램으로 성격이 바뀌어 예전의 색깔은 찾아볼 수 없지만, 진우와 친구들이 함께했던 그 시절 그때의 난타 동아리가 나에게는 최고이지 않았을까 생각해 본다. Good Bye~ 난타 동아리.

개입의 초점

1 **또래 집단의 역동성을 활용한 문제행동 개선**

학생들이 보이는 문제행동을 감소시키거나 통제하는 접근보다 청소년 또래 집단의 역동성을 활용하여 집단 성원들이 바람직한 방향으로 변화해 가도록 개입하였다.

2 **다양한 교내 부서 간 협력적 대응**

비행 청소년에 대한 학교 내 관심과 수용적 태도, 여러 부서와 교직원이 유기적으로 협력하여 집단의 특성에 맞는 프로그램을 운영하였고, 인정과 보상을 통해 참여율과 성취감을 높이고자 노력하였다.

개념 및 이론 TIP

1 **또래 동조성(Peer Conformity)**

- **개념** : 또래 집단의 가치나 행동 등이 개인의 신념과 같지 않을 때에도 또래 집단에 속하기 위해 또래 집단으로부터 허용되는 행동 양상을 선택하고자 하는 행동적인 경향성으로 청소년기에 두드러지게 나타난다(김규리, 2019). 청소년기의 또래 동조성은 아동기를 벗어나 부모로부터 심리적으로 독립하고자 하는 청소년기의 특성과 맞물려 자연스럽게 나타나는 특성이지만, 청소년기의 강한 또래 지향성은 자칫 비행과 같은 부정적인 결과를 초래하는 데 원인이 되기도 한다(김정남, 2010).
- **사례 적용** : 진우와 친구들은 또래 집단에 대한 동조성이 반사회적으로 나타나며 음주, 흡연, 공격행동, 오토바이 폭주 등과 같은 비행 행동을 일

으켰다. 그러나 그 방향을 난타로 바꾸어 주었을 때 오히려 긍정적인 발달과 행동을 적극적으로 증진시키는 기능을 하였다.

2 행동주의 이론의 '강화(Reinforcement)'

- **개념** : 강화는 행동을 더 하도록 하는 것으로, 강화에는 정적 강화와 부적 강화가 있다. 정적 강화는 보상을 제시하여 행동을 증가시키는 것(칭찬받은 행동 반복)이며, 부적 강화는 불쾌한 자극(하기 싫어하는 일 등)을 면해주거나 감해줌으로써 반응 행동을 증가시키는 것을 말한다(도광조, 2021).
- **사례 적용** : 수업 참여에 대한 '징계 시간 인정'과 '간식 제공'은 아이들이 수업 참여와 같은 긍정적 행동을 지속할 수 있도록 유도하는 강화 기술이다.

동료 슈퍼비전

1 비행 청소년들의 문제행동보다 가능성과 잠재력에 초점을 두고 학교 안에서의 적응을 돕는 프로그램을 기획, 운영한 부분이 탁월했다.

2 협동적 예술 활동으로서 난타가 청소년의 스트레스 해소, 욕구 발산, 긍정적 자아 형성, 성취감 및 자기효능감 향상에 도움을 주었다.

3 사례에는 기록되지 않았으나 참여 학생 중 일부가 관련 자격증까지 취득할 수 있도록 연계, 지원한 부분이 학생 개인의 진로 탐색 및 자립 역량 강화에 도움을 주었다.

✩ 좀 더 알아보기

1. 청소년들을 대상으로 하는 집단 프로그램에서 집단 구성 시 중요하게 고려해야 할 점에 대해 생각해 보고 사례에 등장하는 학생들을 위한 교내 대안교육 프로그램을 계획해 봅시다.
2. 학교 부적응 학생을 위한 학업중단숙려제에 대해 알아보고, 우리 지역에서 운영하는 대안교육 프로그램 및 운영기관 등에 대하여 알아봅시다.
3. 비협조적인 청소년과 라포를 형성하기 위해 활용할 수 있는 사회복지실천기술 또는 상담기법에 대하여 알아봅시다.

✩ 참고문헌

김규리(2019). 반사회적 또래 동조성이 또래 괴롭힘 방관 및 방어 행동에 미치는 영향 : 도덕적 이탈의 매개효과(p. 27). 한국교원대학교 대학원 석사학위논문.

김정남(2010). 또래 동조성이 청소년 비행에 미치는 영향: 보호요인의 완충효과를 중심으로(p. 12). 대구가톨릭대학교 대학원 석사학위 논문.

도광조(2021). **사회복지실천기술론**(pp. 174-175). 경기 : 양서원.

2

청소년의 자기결정권, 어떻게 실천하면 좋을까요?

교실 입실을 거부하는 학생에 대한 개입 사례

담임교사를 통한 의뢰

우영이를 처음 만난 건 새 학년이 시작되고 얼마 되지 않은 어느 봄이었다.

"선생님, 잠깐 시간 있으세요?"

한 담임교사로부터 교실 입실을 거부하는 학생이 있어 도움을 청하는 연락이었다.

우영이는 우연한 일을 계기로 자신의 숨기고 싶은 마음이 학급 학생들에게 알려지게 되면서 등교 거부를 시작하였고, 현재는 학교에 오고 있지만 교실 입실을 거부한 채 Wee클래스에서 지내고 있다고 한다. 하지만 Wee클래스는 상담을 희망하는 다양한 학생들이 방문하는 곳이라 우영이 혼자서 차지하고 있을 수만은 없다보니 학교 내 우영이가 머물 새로운 장소가 필요한 상황이었다. 게다가 담임교사마저 코로나19로 자가격리 중이라 누군가의 도움이 절실히 필요했다.

우영이의 이야기

우영이는 조부모와 생활하는 학생으로 조부모가 큰 가게를 운영하고 있어 경제적으로 넉넉한 편이다. 두 분에게 우영이는 하나밖에 없는 손자이기도 하고 부모가 없어 그렇다는 이야기를 듣게 하고 싶지 않아 우영이가 원하는 것은 대부분 다 들어주는 편이라고 한다. 하지만 가게 일이 바쁘다보니 함께 시간을 보내는 경우가 드물어 대부분의 시간을 우영이 혼자 보내며 취미활동에 에너지를 쏟고 있다.

처음 우영이가 등교를 거부하였을 때부터 지금까지 조부모는 "공부는 중요하지 않아요. 수업을 안 들어도 괜찮아요. 학교만 잘 다닐 수 있게 해주세요. 다른 건 바라지 않아요."라고 말하였다. 그래서 우영이는 교실에 들어가지 않고 특별실에 있는 조건으로 등교를 다시 시작하게 된 것이다.

처음 일주일간은 Wee클래스에서 혼자만의 시간을 보내는 형태로 보호를 하였다고 한다. 그러나 전문상담사와의 대화를 거부하는 우영이의 방어적인 태도와 다른 학생들의 상담에 부정적인 영향을 미치게 되자 계속 머무르기 힘든 상황이 되었다.

학생과의 첫 만남, 그리고 관계 맺기

우선 Wee클래스를 방문하여 학생을 직접 만나보기로 하였다.

사전에 전문상담사로부터 학생이 유난히 말수가 적고 무기력한 모습을 많이 보인다며 대화가 가능할지 모르겠다는 이야기를 전해 들었기에, 어떻게든 우영이와 한마디라도 제대로 대화를 나눠봐야겠다는 각오를 다지며 평소보다 조금 더 크고 밝게 인사를 전하였다. 교육복지실과 교육복지사에 대한 소개를 한 후, 우영이에게 현 상황과 Wee클래스를 계속 이용할 수 없는 어려움에 대해 안내하고 어떻게 하고 싶은지 의견을 들어보고자 하였다. 하지만 우영이는 조금 멍한 듯한 표정으로 대답을 하지 않았고, 우영이의 이야기를 끌어내기 위해서는 지금의 환경을 살짝 바꾸어 봐야겠다는 생각이 들었다.

"선생님이랑 학교 산책하지 않을래?"

우선은 햇살이 좋은 학교 숲으로 향하였다.

몇 해 전 조성한 학교 숲은 적당한 산책로와 흔들의자가 설치되어 있어 당시 학생들 사이에서 인기가 무척 좋은 곳이었다. 다른 학생들이 수업에 들어가고 없는 상황이라서 둘이서 그곳을 전세 낸 것처럼 산책하며 따뜻한 봄햇살을 듬뿍 받았다. 그리고는 가장 풍경이 좋은 흔들의자에 앉자 우영이도 조금 긴장이 풀린 듯한 모습을 보였다.

다년간 중학생들과 함께 생활하며 익힌 노하우를 총동원하여 학생의 눈높이에 맞추어 대화를 시작하였다. 날씨 같은 가벼운 주제부터 시작하여 요즘 또래 아이들 사이에 유행하는 것들에 대해 이야기를 나누었다. 처음에는 '네, 아니요'와 같은 단답형으로 대답만 하던 우영이도 점차 문장으로 대답하기 시작했다.

그렇게 시작된 대화를 통해 알게 된 우영이의 취향은 "아니메(Anime)"[2]였다. 최근 유행하는 '판타지 웹툰'보다는 '소년만화'[3]를 더 즐겨본다는 것을 알게 되었다. 게다가 얼마 전 다른 학생들과 상담하다 알게 된 학원 액션물 작품에 대해 이야기하자, 대화의 물꼬가 확 트이기 시작했고 어느새 우리의 대화는 우영이가 주도하기 시작하였다. 잘 모르는 부분에 대해서 일부러 아는 척하기보다는 우영이가 설명해 줄 수 있도록 대화의 주도권을 넘겼더니 대화가 마무리될 무렵에는 절친과 비슷한 수준이 되어 있었다. 그렇게 우영이와 공동의 화두를 만든 뒤, 첫

2 아니메는 애니메이션의 일본식 줄임말이며 재패니메이션이라고도 한다.

3 주로 어린 소년과 청소년을 주요 독자층으로 삼은 만화 장르로, 일본에서 비롯된 스타일이다. 대개 모험, 우정, 성장, 도전, 승부, 전투 등의 주제를 다루며 역경을 극복하거나 꿈을 이루기 위해 고군분투하는 주인공의 이야기 중심으로 전개된다. 대표적인 작품으로 "원피스", "나루토" 등이 있다.

만남을 마무리하였고 다음 날부터 우영이는 거부감 없이 교육복지실로 자리를 옮겨왔다.

조금씩 열리는 아이의 마음

우영이는 생각보다 자신의 생각이 분명하고 약속을 잘 지키는 학생이었다.

교육복지실에서 지내며 가장 먼저 한 일은 우영이만의 하루 시간표를 만드는 일이었다. 무기력하게 하루를 보내지 않기 위해 학습, 상담, 휴식 시간으로 나누어 시간표를 만들어 보았는데, 이때 우영이는 스스로 할 수 있는 일과 하고 싶지 않은 일에 대해 분명하게 표현하는 등 적극적으로 자신의 의견을 반영하고자 하는 모습을 보였다.

또한 교육복지사가 출장으로 자리를 비워 Wee클래스나 다른 특별실을 이용해야 하는 상황에 대해서도 잘 이해하고 수용하였다. 약속한 시간에 맞춰 등교하였고, 힘들어하던 담임교사와의 상담도 성실히 임해 점점 관계가 개선되는 모습을 보였다.

그뿐만 아니라 점심시간을 활용해 같은 반 친구들과 교육복지실 여가 활동에도 참여하며 또래들과 어울리기 위한 노력도 하였다.

교육복지실에 오고 3일째부터는 수업 시간에 나오는 과제나 수행평가에 가능한 참여할 수 있도록 지도하였다. 그런데 수업에 참여하지 않음에도 불구하고 평균 이상의 수행 실력을 보여 평소 공부는 어떻게 하는지 물어보았고 거기에서 놀라운 사실을 알게 되었다.

우영이는 방과 후, 그리고 주말까지 많은 시간을 사교육에 할애하고 있었다. 영어, 수학 같은 학습과 관련된 학원부터 바이올린, 미술, 합창, 합기도까지 다양한 예체능학원을 다니고 있었고 이미 초등학교 때부터 이와 같은 루틴이 잡혀 있어서 스스로 힘든 줄도 모르는 상태였다.

그리고 또 새롭게 파악한 사실은 우영이가 처음으로 '자퇴'에 대한 마음을 털어놓았다는 점이다. 우영이에 의하면 등교를 거부하며 집에서 시간을 보내던 중, 조부모에게 자신은 처음부터 학교에 다니고 싶지 않았다고 자신의 의견을 전달하였으며, 조부모로부터 "기다려봐"라는 답을 들었기 때문에 자신은 현재 그들의 결정을 기다리는 중이라고 했다.

순간 무언가 잘못되었다는 생각이 들었다. 분명 담임교사를 통해 전해 들은 조부모의 이야기는 전혀 달랐기 때문이다. 학교에 전달한 그들의 의견은 수업도, 성적도 바라지 않으니 학교만 계속 다닐 수 있게 지도해달라는 요청이었고, 그래서 지금까지 수업 시간에 특별실에서 학생을 지도하며 학생이 학급 입실을 꺼리는 근본적인 원인을 찾고 이를 통하여 다시 학급 적응력을 높일 수 있는 방안을 찾는 것에만 집중해 왔다. 하지만 우영이가 '자퇴'를 원하고 있음을 알게 되었기 때문에 '개입 방향을 바꿔야 하지 않을까'라는 생각이 들었다.

재사정, 그리고 교내 사례회의

우선은 우영이가 원하는 것을 다시 정확하게 파악해야겠다는 생각이 들었다.

의무교육과 유예제도에 대해 안내하고 유예를 할 경우, 검정고시나 복학을 통해 중학교 과정을 이수해야 함을 설명하였다. 그러나 우영이는 막연하게 학교를 그만 다니고 싶다고 생각할 뿐 유예 이후의 뚜렷한 계획은 없는 상태였다.

이때부터 우영이에 대한 개입 방향을 전면 수정했다.

이전까지는 조금이라도 학교 활동에 흥미를 느낄 수 있게 하고 또래 관계를 더 단단하게 만드는 것과 우영이만의 속도에 맞추어 조금씩 내면의 힘을 키울 수 있게 하였다면, 지금부터는 우영이와 조부모가 진지하게 대화를 나누어 서로가 원하는 바를 전달하여 공동의 문제해결 방안을 수립해 나가는 쪽으로 초점을 맞추었다.

그러기 위해서는 우선 학생이 자신의 역할을 잘 수행하고 변화하려는 노력을 보여야 한다는 생각에 담임교사와 상의하여 우영이만을 위한 시간표와 과제를 짜서 제시하고 수행할 수 있도록 하였다. 이전 일과표보다는 조금 타이트하게 짰으며 시간과 수행목표를 명확하게 제시하였다. 그리고 일주일에 1시간씩 교실에서 수업에 참여해 보는 것을 과제로 주며 학생이 제일 가깝게 생각하는 담임교사의 수업부터 시작할 수 있게 하였다. 물론 처음에는 거부반응도 있었다. 처음 수업에 1시간 참여한 다음 날, 우영이는 건강상의 이유를 들어 결석을 하였다. 물론 다음 날은 다시 학교에 나왔고 교실에 들어가는 것을 여전히 힘들어했지만, 담임교사와 함께 우영이를 격려하며 반복적으로 시도해 보았다.

다른 한편으로는 우영이가 이렇게 노력하고 있음을 학교와 보호자에게 알리고 우영이가 학교를 왜 가고 싶어 하지 않는지와 앞으로 어떻게 하고 싶은지에 대해 함께 이야기를 나눌 수 있는 자리를 마련해 보고자 하였다. 그러기 위해서는 학생과 보호자까지 모두 참석하는 통합사례회의가 필요하다고 판단하였고 이를 위한 교내 협의회 개최를 요청하였다.

우선 교감의 주도로 교장실에서 학교 관계자 중심의 사례회의를 진행하였다. 담임교사와 교육복지사가 중심이 되어 새롭게 발견된 문제에 대해 설명하였다. 학생과 보호자의 서로 다른 입장 차이와 이를 해결하기보다는 외면하고 있는 상황을 설명하고 이러한 상황을 개선하기 위한 방안을 찾아볼 수 있도록 통합사례회의를 진행하자는 의견을 제시하였다.

그리고 '수업에 참여하지 않는 불성실한 학생'이라는 선입견이 생기지 않도록 그동안 우영이가 변화하려고 노력했던 모습들을 알려주며 학생의 입장을 옹호하고 학생의 이야기에 귀 기울일 수 있는 환경을 만들고자 노력했다.

우영이가 당장 학교를 그만두지 않고도 자신과 미래에 대해 알아보고 미래에 대한 계획을 세워볼 수 있는 방안으로 '학업중단숙려제'나 교내외에서 우영이를 도울 수 있는 자원들을 안내하여 학생과 보호자가 합리적인 선택을 할 수 있도록 도울 수 있는 방향으로 사례회의를 진행해 보자고 권하였다.

하지만 학교 관리자를 비롯한 몇몇 교사들은 조금 다른 생각을 하고 있었다.

우선 우영이가 초등학교에서부터 등교 거부를 한 이력이 있다는 사실을 알게 된 후, 학생의 개선해야 할 문제행동에 초점을 맞추게 되었고, 학생의 학습권 보장과 이에 대한 학교의 강경한 입장을 보호자에게 전달하여야 한다는 의견이 제시되었다.

그리고 실제로 얼마 뒤, 관리자 주도의 학부모 면담이 실제 진행되었고, 이 자리에는 학교 관리자와 조부모, 담임교사만 동석할 수 있었다. 법적으로 학생을 지도할 자격이 인정되지 않는 교육복지사나 미성년 당사자인 우영이에게는 참석의 기회조차 주어지지 않았다.

정확하게 그날 그 면담에서 어떤 이야기들이 오고 갔는지 우영이와 교육복지사는 알지 못한다. 면담이 끝난 후 처음으로 학생을 찾아온 학교 관리자는 응원의 한마디를 전하고 돌아갔고, 우영이를 위한 맞춤형 생활지도 교육안은 수립되지 못한 채, 학생이 교실에 들어갈 준비가 될 때까지 몇몇 특별실을 이동하며 일과를 보내는 것으로 조치가 내려졌다는 소식만 전해 들었다.

이후 우영이는 그 어떤 응답도 듣지 못했다고 한다. 물론 집에서도 조부모와 학교생활에 대한 그 어떤 대화도 오가지 않았다고 한다. 이러한 과정을 겪으며 작은 기대를 가졌던 것이 무색하게 우영이의 태도는 원점으로 돌아갔고 학교를 오지 않는 날들이 많아졌다. 결국 우영이는 학교와 어른에 대한 신뢰를 잃어버리게 되었고, 이후 담당 교육복지사의 개인사정으로 퇴사하게 되며 사례는 종결되었다.

시간이 지나고 학교의 후임 교육복지사를 통해 들은 이야기로는 교육복지사가 바뀌고 난 이후 처음 한동안은 교육복지실로 방문하기도 하였으나 차츰 발길이 뜸해졌다고 한다. 특별실 선생님들의 출장이나 행사로 인해 점점 갈 곳이 없어지게 되면서 자연스럽게 교실로 복귀하게 되었으나 여전히 자주 지각, 조퇴, 결석을 반복하고 있다고 한다.

우리가 학교 현장에서 근무하며 만나게 되는 클라이언트는 모두 미성년자이다. 이 때문에 본의 아니게 당사자의 욕구나 의지보다는 학부모나 교사의 의견이 중심이 되어 사례관리가 진행되는 경우들이 많다. 우리는 많은 사례관리 교육이나 책에서 클라이언트의 자기결정권을 존중하고 사례관리의 전반에 클라이언트가 함께 참여하도록 해야 한다고 배워왔다. 그러나 실제 현장에서는, 특히 미성년 클라이언트가 주 대상인 학교 현장에서는 이를 어디까지 실천할 수 있는지 고민하게 된다. 아무리 연차가 쌓여도 해결되지 않는 숙제와도 같다.

개입의 초점

1 **학생 개인의 심리·정서적 안정 및 관계 형성을 위한 노력**

- 교실 입실 거부 학생의 불안을 완화하기 위해 신뢰 관계 형성과 정서적 지지를 최우선으로 하였다.
- 학생의 관심사를 파악하고 이를 주제로 대화를 진행하여 대상 학생의 심리적 방어를 낮출 수 있었고 교육복지사에 대한 첫인상을 권위적인 어른이 아닌 나를 이해해 주는 사람으로 인식할 수 있도록 하였다. 또한 학생이 주도적으로 자신을 표현할 수 있는 기회를 제공하여 심리적 안정감과 자존감 향상의 기회를 제공하였다.

2 **과제중심모델을 활용하여 학급 적응력을 향상시키기 위한 노력**

학생이 규칙이나 약속을 잘 지키고 과제를 성실히 수행하는 점, 중상급 이상의 학업 능력을 가지고 있는 점 등의 강점을 파악하고 이를 활용하여 중단기 목표 과제를 수립하였다. 또 학급 적응력을 향상시킬 수 있는 학생 맞춤형 계획을 수립, 적용하고자 하였다.

3 **학생의 자기결정권 존중 및 욕구 반영**

과제중심모델을 활용한 개입 계획을 수립, 적용하던 중 학생의 숨겨진 욕구를 파악하게 되었고 개입 과정에 이를 반영하여 자기결정권을 존중하는 방향으로 사례관리를 조정하고자 하였다.

✩ 개념 및 이론 TIP

1 과제중심모델(Task-Centered Model)

- **개념** : 단기간(보통 8~12회기) 동안 구체적이고 실현 가능한 과제를 설정하여 문제해결을 돕는 실천 모델로, '문제규명→계약하기→실천→종결'의 단계를 거친다(김혜란 외, 2014). 이러한 과정에서 성취 경험을 통해 자기효능감을 강화할 수 있다.
- **사례 적용** : 시간표 작성을 통해 학생이 스스로 하루 일정(학습, 휴식, 과제)을 계획하도록 지도하였고, '주 1시간 교실 수업 참여'라는 작은 목표를 설정하고 점진적으로 수행하려 노력하였다. 또한 학생이 과제를 성실히 수행했을 때 긍정적인 피드백을 제공하여 성취 경험을 강화시켰다.

2 강점관점(Strengths Perspective)

- **개념** : 클라이언트 자신의 다양한 문제로부터 벗어나도록 돕는 사회복지 실천 활동의 전 과정에서 사회복지사가 클라이언트의 강점과 자원을 발견하고 드러내어, 묘사, 탐색, 활용하려는 총체적인 노력으로 사회복지사가 클라이언트를 대할 때 문제보다는 클라이언트를 둘러싼 환경이 갖고 있는 강점에 초점을 두고 바라보는 것을 의미한다(안정선, 2024).
- **사례 적용** : 학생의 흥미(애니메이션 등)를 대화의 매개이자 자기표현의 기회로 활용하였고, 학업 및 예체능 활동에서 보이는 꾸준한 참여와 성과를 강점으로 인정하였다. 또한 점심시간 학급 친구들과 어울릴 수 있는 기회를 제공하여 또래 관계 기술을 습득할 수 있도록 하여 학생의 사회적 자원을 확장시키고자 하였다.

③ **클라이언트의 자기결정**

- **개념** : 사회복지실천 과정에서 스스로 선택하고 결정할 자유에 대한 클라이언트의 권리와 욕구를 인정하는 것이다. 사회복지사는 클라이언트가 자신의 문제와 욕구에 대해 분명한 관점을 갖도록 돕고, 적절한 지역사회 자원들을 알려주며, 사회복지사와 클라이언트가 협력할 수 있는 환경을 만드는 것으로 이 원칙을 이행하게 된다(최해경, 2012).
- **사례 적용** : 학생의 숨겨진 욕구를 직접 확인하고, 보호자와 학교에 이를 전달하려고 시도하였다. 또한 학생에게 학업유예나 검정고시 등 선택지를 안내하며 스스로 판단할 수 있는 기회를 제공하려 노력하였다. 다만, 해당 사례에서 클라이언트는 미성년자로 자기결정권을 존중받지 못하였고 학교 관리자와 보호자 중심의 권위적 의사결정이 우선되었다.

동료 슈퍼비전

① 대상 학생의 양육 환경을 분석하고 가족 간의 역동을 파악한 후 관계 개선을 위한 가족 개입 계획을 수립하여 가족상담 및 코칭 등을 진행할 필요가 있다.

② 학생의 돌발적인 행동을 이해하기 위한 교사 연수를 기획하여 운영하는 방안이 요구된다.

③ 대상 학생에 대한 종합심리검사를 통해 학생의 현재 상태에 대한 객관적인 정보를 수집하여 이를 반영한 개입 계획을 수립할 필요가 있다.

✩ 좀 더 알아보기

1 무기력하고 심각한 사춘기를 겪고 있는 청소년 대상자와의 관계 형성에서 활용할 수 있는 자신의 강점 세 가지를 찾아봅시다.

2 미성년자 또는 장애 등이 있는 대상자의 경우 그들의 자기결정권은 개입 계획에 어디까지 반영될 수 있는지에 대하여 논의해 봅시다.

3 주 사례관리자의 판단과 학교 관리자의 판단이 달라 개입 방향을 수정해야 할 경우 어떻게 조율할 수 있을지에 대하여 논의해 봅시다.

✩ 참고문헌

김혜란·홍선미·공계순(2014). **사회복지실천기술론**(pp. 97-111). 경기 : 나남출판.

임경선(2024). **학교사회복지론**(pp. 201-216). 경기 : 도서출판 어가.

최해경(2012). **사회복지실천론**(pp. 232-233). 서울 : 학지사.

3

비행(飛行)을 꿈꾸며

청소년 비행문제에 따른 생활지도 사례

첫 만남, 학생과 친밀감 형성하기

강재는 중학교 3학년 학생으로 선생님과 또래들 사이에서 유명세(?)를 치르는 명성과는 다르게 새하얀 피부와 큰 키, 마른 체형을 가진 남학생이었다. 만나기 전부터 여러 선생님들에게 그에 대한 이야기를 전해 들었을 만큼 강재는 학교 내에서 좋지 않은 이미지로 주목을 받고 있는 상황이었다.

학교에 출근한 첫 3월부터 생활부장 교사의 손에 이끌려 온 강재는 그 이후로 매일같이 교육복지실을 드나들었다. 나는 보드게임을 하거나 교육복지실의 간단한 심부름을 부탁하며 라포를 형성했고, 친밀감이 쌓이자 강재는 자신의 학교생활, 친구관계, 가정환경, 고민 등 이런저런 마음속의 이야기를 자연스레 꺼내었다.

강재의 방과 후 취미생활은 오토바이 타기였는데, 학교를 다니지 않는 또래들의 오토바이나 동네 아는 형들의 배달용 오토바이를 빌려 타곤 했다. 물론 헬멧은 쓰지 않는 날이 훨씬 많았다. 간혹 아찔한 사고가 날 뻔도 했지만, 되레 가슴 철렁한 그 순간이 스릴처럼 느껴져 멈출 수 없었다.

강재는 종종 인근 학교의 학생들과 밤늦게까지 PC방에서 게임을 즐겼다. 청소년 출입제한 시간이 되면 근처의 공원에서 할 일 없이 시간을 보내다 할머니와 아버지가 잠든 시간 즈음에 집에 몰래 들어가 겨우 눈을 붙이고 다음 날 등교하는 생활을 반복하고 있었다.

길거리를 떠돌았던 이유

부모님은 강재가 초등학교 6학년 때 이혼하였으며, 어머니가 집을 떠난 후 줄곧 할머니, 아버지, 동생과 함께 현재의 집에서 살고 있다. 이혼 전 부모님은 부부싸움을 자주 했고, 집안에 큰소리가 날 때면 강재와 동생은 식탁 밑에 들어가 귀를 막으며 그 시간을 견디곤 했다. 이러한 불안을 잊기 위해 시작한 것이 오토바이 타기였다. 오토바이를 타고 목적지 없이 내달리다 보면 답답하고 불안한 마음이 뻥 뚫리는 느낌이라고 했다.

친구들과 몰려다니며 담배를 피우고 돈이 떨어지면 지나가는 다른 학생들의 돈을 빼앗았다. 이러한 행동들이 쌓이다 보니 어느새 강재는 학교에서 누구도 쉽게 다가오지 않는 아이가 되어 있었다. 몰려다니는 친구들은 있었지만, 진심으로 자신의 고민을 나눌만한 친구가 없어 때로는 외톨이가 된 기분이 들기도 했다.

나에게 '짐'이 되는 가족이라는 울타리

어머니는 강재가 사는 도시와 한참 떨어져 있는 바닷가 근처 작은 도시에 살고 있었는데, 거리가 멀어도 떼어놓은 자녀들이 걱정되어 종종 강재와 동생을 만나기 위해 집 근처에 오곤 했다. 강재의 아버지는 직업군인이었는데 평소 자녀들에게 지나칠 정도로 바른 생활을 강조하였고, 말투와 성격이 강해 자녀들과 편안한 대화를 주고받는 것을 매우 어색해했다. 어린 시절 강재는 이런 아버지가 무서웠지만, 지금은 아버지와 대립각을 세우고 날선 모습을 보이며 큰소리로 대드는 등 갈등의 골이 매우 깊어진 상태였다. 반면 떨어져 살고 있는 어머니는 매일매일 보고 싶은 마음이 든다고 했다. 동생은 강재의 말을 잘 따르는 편이다.

강재는 해당 학년의 수업내용을 이해하기 어려워했고, 오랜 시간 의자에 앉아있는 것을 견디지 못하였으며, 대부분의 교과 시간에 엎드려 잠을 자거나 교실을 뛰쳐나와 학교를 배회하여 담임교사 및 생활부장 교사와도 갈등이 극에 달한 상황이었다. 담임교사는 강재의 담임을 맡아 지도하는 것에 큰 스트레스를 받고 있었고, 생활부장 교사는 강재에 대한 불신이 커 강재의 말을 믿지 않는 일이 자주 있었다. 또한 강재는 같은 반 친구들에게도 신뢰를 얻지 못해 마음을 나눌만한 친구가 주변에 없는 듯 보였다.

안팎으로 지지해 주는 손길이 부족해 더욱 흔들리는 강재의 모습이 참으로 안타까웠지만, 갈등의 골은 쉽게 메워지지 않았다. 어르고 달래도 강재는 좀처럼 마음을 다잡지 못해 짧은 가출을 반복하였는데, 가출을 할 때면 자기처럼 집을 나온 청소년들과 단기 원룸을 얻어 모여 지내곤 했다.

나에게 '힘'이 되는 가족이라는 울타리

강재의 불안정한 생활은 비단 학생 개인의 문제만은 아니라는 생각에 학부모 상담을 진행하였다. 또한 교장과 학교 관계자, 학부모와 함께 수차례 상의를 나누어 강재의 학교생활 적응과 졸업을 목표로 여러 가지 개입 계획을 수립하였다.

우선 가족갈등이 자녀에게 미치는 영향에 대해 학부모와 상담을 하였는데, 강재의 부모님은 비록 이혼한 상황이었지만 자녀를 위해서 가족이 함께 시간을 보내고 부모로서 서로 협력하여 강재와 동생을 돌보고 함께하는 시간을 많이 만들겠다고 하였다.

학교는 학생이 교실에 억지로 들어가기보다 학교를 편안하게 느낄 수 있도록 시간을 주기로 했다. 다행히 교육복지실의 입실은 거부하지 않아 일과 중 일부 시간을 교육복지사가 지도하는 학교생활 적응력 향상 프로그램에 참여하였다.

무엇보다 강재의 비행 행동을 낮추기 위해서는 또 다른 개입이 필요하였다.

우선 강재가 가족과의 갈등, 특히 아버지와의 감정의 골을 메워 집에서 지내는 것을 편안하게 여기고 아버지가 자녀의 특성과 정서 상태를 이해할 수 있도록 학부모 상담을 지속적으로 이어나갔다. 이는 자녀와 대화할 때 서로 감정이 다치지 않게 이야기 나누는 방법을 안내하기 위함이었다. 가족의 변화는 단기간에 이루기 어렵지만, 그럼에도 아버지는 아들이 더는 가족으로부터 멀어지지 않도록 많은 노력을 기울였다.

그 뒤로 한두 번의 결석과 잦은 지각을 하기도 했지만, 강재는 대체로 등교를 잘 하였고 다행히 유예의 위기에서 벗어날 수 있었다.

출발점에 선 너를 응원하며

강재는 공부가 재미없고, 빨리 취업을 해 일찌감치 자리를 잡고 싶다는 말을 자주 했다. 이에 교육복지사와 담임교사는 진로 교육과 함께 취업 분야와 관련한 고등학교 진학 정보를 안내하였다. 어느덧 고등학교 진학을 준비하는 시기가 다가오자 강재는 보호자와 상의 후 선생님들과 알아보았던 □□공업고등학교를 선택하였다.

강재의 청소년 시기는 많은 어려움과 좌절이 있었다. 가족해체로 인한 심리·정서적 어려움, 학업 흥미 저하, 원만하지 못한 또래 관계 등…. 그러나 가족들과 많은 선생님들은 이러한 학생을 포기하지 않고 끝까지 지지하고 격려하며 용기를 불어넣어 주었다. 무엇보다 강재 스스로의 피나는 노력이 있었으리라 생각한다.

학교에는 예기치 못한 상황에 쉽게 흔들리는 학생들이 많다. 그럴 때마다 나는 강재가 떠오른다. 흔들림의 곁에서 교육복지사가 할 수 있는 일은 무엇일까. 그건 아마도 모든 학생들은 저마다의 꽃을 피워내는 시기가 있으며, 다만 지금은 그 과정을 묵묵히 견디는 시간임을 믿는 것이 아닐까.

개입의 초점

1 비자발적 클라이언트와의 라포 형성하기

학생은 처음 생활부장 교사의 손에 이끌려 교육복지실을 방문하였다. 낯선 환경에 긴장하고 날이 선 눈빛으로 주변을 보는 학생에게는 적응의 시간이 매우 중요하다. 따라서 당장 얻고 싶은 정보에 대해 묻기보다는 보드게임, 간식, 여유로운 시간을 통해 학생이 교육복지실을 안전한 곳으로 인식할 수 있도록 충분한 시간을 주어야 한다.

2 교사와의 갈등을 겪는 학생 사례 개입하기

교사와 학생 간의 갈등 상황에서 교육복지사의 개입은 매우 신중해야 한다. 교육복지사는 교사의 학생에 대한 애정과 책임감을 신뢰하며 중재자로서의 역할을 수행해야 한다.

3 학교생활 부적응(교실 거부) 학생에 대한 개입

학생들이 교실을 거부하는 이유는 다양하다. 교실 안에서의 극도의 긴장감, 학업에 대한 스트레스, 또래 관계에 대한 두려움, 교사와의 갈등, 단체생활 내 규칙 수행의 어려움 등이 그 원인이다. 이에 교육복지사는 학생이 교실을 거부하는 원인이 무엇인지 충분히 살펴본 후 개인의 기질적 특성에 기인한 것인지 혹은 환경체계 내의 갈등에서 기인한 것인지에 따라 심리·정서적 개입, 또래 관계 증진을 위한 맞춤형 활동, 가족체계 개입 등 적극적인 지원을 수행해야 한다.

개념 및 이론 TIP

1 청소년기의 정서발달

- **개념** : 청소년기의 급격한 정서변화는 우울증이나 거식증, 폭식증과 같은 섭식장애, 또는 비행 행동 등의 역기능적인 양상으로 나타나기도 한다. 따라서 이 시기의 중요한 과제는 청소년들이 자신의 감정을 잘 살펴서 스스로에게 보다 관대해지고 마음의 여유를 갖는 것이다. 자신의 감정이 격해지기 쉽고 정서적으로 불안한 단계에 있다는 사실을 인식하고, 이러한 감정 상태에 민감하게 반응하지 않아야 한다(Newman & Newman, 2006, 오창순 외, 2010 재인용).
- **사례 적용** : 강재의 심리·정서적 상태는 부모님의 갈등과 가족해체로 인해 매우 불안정하였다. 이에 교육복지사는 강재의 불안과 분노의 감정을 이해하고 수용하며 강재 스스로가 보다 긍정적인 방향으로 자기인식을 할 수 있도록 지지하고 격려하며 라포를 형성해 나갔다.

2 청소년 비행문제

- **개념** : 사회복지실천 면에서 청소년기에 가장 집중해야 할 문제는 청소년 비행이다. 신체적·심리적 혼란 시기에 있는 청소년들은 자칫하면 일탈행위에 빠지기 쉽고, 이에 적절하게 대처하지 못하였을 경우 성인기의 비행과 범죄로 이어지기 쉬우므로 청소년 비행은 민감하게 다루어야 하는 문제이다. 청소년 비행은 가정폭력 경험 및 가족갈등과 밀접한 관계가 있다. 그러나 우리나라에서의 청소년 비행문제의 해결을 위한 대책은 보호관찰, 교정교육, 갱생보호 등 주로 사후대책에 집중되어 있다(오창순 외, 2010). 청소년의 학교생활 적응력을 증진하고 비행문제를 예방하기 위해서는 개인의 심리·정서적 지원과 함께 가족 개입, 지

역 자원 연계 등의 학교사회복지 실천 기술이 필요하다.

- **사례 적용** : 흡연, 도벽, 폭력성 등 강재가 보이는 다양한 비행 행동적 문제를 당사자 개인의 일탈로 해석하지 않고 생태체계적 관점에서의 사정을 통해 가족문제에서 기인한 어려움이라는 점을 인식하였다. 이에 학생과 매우 밀접한 관계인 가족체계에 개입하여 학생의 변화를 이끌었다.

3 개인적 관계망 전략

- **개념** : 클라이언트의 가족, 친척, 이웃 등과 맺고 있는 관계 혹은 잠재되어 있는 관계에 초점을 두고 강화하거나 소원해진 관계를 활성화시켜 새로운 관계를 수립해 나가도록 도와준다(Floland, 1981, 장덕희 외, 2024 재인용).
- **사례 적용** : 강재와 아버지의 갈등 관계를 회복하기 위해 학생의 정서 상태와 특성을 학부모에게 적극적으로 전달하였고, 자녀와의 부정적인 관계를 회복하고 싶어 하는 아버지의 마음을 이해하며 양육자로서의 바람직한 자세와 자녀와의 긍정적인 대화방법 등에 대한 정보를 제공하였다.

4 옹호 모델(Advocacy Model)

- **개념** : 사회복지사는 사례관리를 통하여 다양한 차원에서 클라이언트의 권익과 이익을 위해 적극적인 옹호자로서의 역할을 수행한다. 옹호란 사회복지사가 클라이언트를 두둔하고 편들어 지키는 것으로, 클라이언트의 입장을 대변하여 문제를 해결하기 위해 돕는 역할을 말한다(장덕희 외, 2024).
- **사례 적용** : 생활부장 교사와 갈등을 겪는 학생을 옹호하고 입장을 대변

하기 위해 생활부장 교사에게 강재의 가정환경과 비행 행동의 배경을 전달하며 학생에 대한 이해를 구하였다. 이와 함께 학생에게는 선생님을 대하는 태도와 학교 규칙의 중요성에 대해 지도하였다. 이러한 옹호자 및 중재자로서의 교육복지사의 역할은 학교체계 내에서 학생에 대한 낙인감을 낮추는 데 도움이 된다.

동료 슈퍼비전

1 학생의 불안한 심리와 부적응 양상을 보다 정확하게 파악하기 위해 종합심리검사를 실시하고, 이에 대한 학생 정보(인지발달, 심리·정서 상태, 보호자 양육 태도 등)를 학부모 및 관련 교직원들과 공유하여 개입 방안을 모색하는 것이 필요하다.

2 학생에 대한 낙인감 해소 및 교우관계 개선을 목적으로 하는 학급 개입 프로그램을 실시하고, 학생의 부정적 이미지를 개선하여 교우관계를 촉진할 수 있는 활동을 실시해야 한다.

3 학교생활 부적응 학생들의 특성 및 생활지도 방법을 안내하는 교사 연수를 실시하여 학생에 대한 학교 구성원들의 이해와 관심을 높이는 옹호적 사례관리를 실천한다.

좀 더 알아보기

1 가족해체를 경험한 학생들이 겪는 심리·정서적 어려움을 예상하여, 이를 돕기 위한 전문적인 사회복지 지원 방안에 대해 논의해 봅시다.

2 사춘기 자녀와 부모 간의 갈등을 줄일 수 있는 지원 방안을 모색해 봅시다.

3 보호관찰, 청소년 보호 대상과 조치, 촉법소년의 기준과 범위 등에 대해 조사하고 이와 관련한 관계법과 사회적 제도를 알아봅시다.

참고문헌

오창순·신선인·장수미·김수정(2010). **인간행동과 사회환경**(p. 273; pp. 279-280). 서울 : 학지사.

장덕희·김성준·김소희·김정기·김혜수·성준엽·엄혜련(2024). **현장기반 사례관리**(p. 51). 경기 : 공동체.

4

한 걸음, 한 걸음, 너와 함께

사회기술훈련이 필요한 학생 지원 사례

눈길을 끄는 아이

은별이는 3학년이 되면서부터 눈에 자주 띄었다. 긴 생머리는 감지 않았는지 기름져 있었고 안경에는 항상 이물질이 묻어 있었다. 은별이는 지적장애인 어머니와 아버지, 다섯 살 많은 오빠와 함께 살고 있었는데, 방과 후 지역아동센터를 이용하고 있었지만 그 외의 방과 후 활동이나 외부 교류는 없었다.

은별이는 3학년이 되고부터 공허한 눈빛과 힘없이 늘어진 어깨를 한 채, 늘 혼자 다니는 모습을 보였다. 어느 날 학교 복도에서 은별이를 불렀지만 은별이는 대답하지 않았고, 눈이 마주쳐도 무시하고 지나가는 모습을 보였다. 혹시 친구와 무슨 일이 있었던 것은 아닐까, 2학년 때 함께 다니던 학생을 만나 무슨 일이 있었는지 물어보았다.

"불러도 무시하고 그냥 가요. 왜 무시하냐고 물어봐도 대답도

안하고요. 기분 나쁘게 보잖아요. 그래서 저희도 무시하기로 했어요."

그렇게 은별이는 혼자가 된 것이었다. 은별이에게 무슨 일이 있었던 것일까.

개입의 시작 : 은별이를 알아가는 시간

계절이 바뀌며 은별이에 대한 개입 계기가 생겼다. 옷을 자주 갈아입어야 하는 여름임에도 4일째 같은 옷을 입고 등교했고, 옷에서 곰팡이가 핀 것이 발견된 것이다. 그즈음 기초생활수급 가정임에도 교육급여 바우처[4]를 신청하지 않은 것을 알게 되어 신청 방법 안내차 자연스럽게 가정에 연락하게 되었다.

은별이 어머니에게 전화 연락을 시도하였으나, '수신/ 착신이 정지되어 있어 이용이 불가합니다'라는 음성이 되풀이되었다. 담임교사에게 상황을 알리고 가정과 어떻게 소통하는지 알아보았다.

"어머니는 학기 초부터 전화가 안 됐었고, 문자로만 소통하는

4 국민기초생활수급 중 한 분류로, 현금으로 지급하던 교육급여를 바우처(포인트)로 변경하면서 수혜자 본인이 인터넷으로 직접 신청해야 한다.

데, 거의 단답형이라 깊은 대화가 어려워요. 은별이는 수업 시간에 멍해 있는 시간이 많지만 1:1로 알려주면 따라 와요. 기초학력 대상이어서 방과 후에 수학교실을 다니는데 착실하게 다녀요. 같이 어울리는 애들은 없고… 특별히 나쁜 행동이나 방해가 없는데 애들이 은별이를 피하더라고요."

어머니와는 통화가 어려울 것으로 보여 아버지와 전화상담을 진행하였다. 아버지에게 은별이와 은별이 오빠가 교육급여 바우처 대상자임을 안내하고, 인터넷으로 신청하는 방법을 안내하였다. 그리고 은별이의 학교생활을 전하며, 가정에서의 생활, 환경, 어머니 전화 발신 정지 이유 등의 상황을 알아보았다.

"가족 핸드폰 모두 애들 엄마 명의를 써요. 그런데 은별이 오빠가 엄마 핸드폰을 가지고 게임 아이템을 300만 원어치 사는 바람에 돈이 없어서 요금을 못 내고 있어요. 그래서 전화가 정지되었고, 또 제가 일을 1년 정도 쉬면서 생활비가 없으니까 4천만 원 정도 대출을 받았어요. 그런데 이자가 거의 10%여서 일을 해서 빚 갚기도 힘든 상황이에요."

아버지는 공장에서 일을 하며 월 300여만 원의 급여를 받고 있었지만, 가계 빚으로 생활비가 부족한 상태였다. 은별이의 의복상태에 대해서는 어머니가 빨래를 제때 하지 않고, 살림을 거의 못 한다고 하였다. 그러면서 은별이가 사람을 대할 때 토라져 말도 안 하고 꽁해 있는 게 엄마를 닮았다며, 집에서는 거의 핸드폰을 하고 가족 간 소통은 거의 없다고 했다. 아버지는 은별이에게 도움이 되는 것이 있다면 모두 받고 싶다며 적극적으로 지원을 요청하였다.

은별이는 대화가 원활한 학생은 아니었다. 대부분 단답형에, 말없이 고개 끄덕임 정도로만 의사를 표현하였다. 단순히 표현력이 부족한 것인지, 정서적 요인인지, 지적 요인 때문인지 확인이 필요했다.

은별이는 하고 싶은 것을 해달라고 말해 본 적이 없다고 했다. 무엇을 하면 즐거운지, 어떤 것을 가지고 싶은지 자신도 잘 몰라 했다. 가족여행에 대한 기억이 없었고, 친인척이 있는지 없는지, 명절에는 누구의 집에 가는지도 은별이는 대답하지 못하였다.

은별이는 학교 수업을 마치면 기초학력 수업에 참여하고, 지역아동센터로 가서 저녁 식사를 마친 후 집으로 귀가했다. 집에서는 핸드폰 게임을 하다 잠드는 것이 반복되고 있었다. 주말에는 어머니와 교회를 잠시 다니는 것 외에는 집에서 핸드폰 게임을 하는 게 주 일과였다.

은별이의 일상은 경험을 통해 성장할 수 있는 자극이 거의 없는 상황이었다. 다른 사람과의 교류가 전혀 없었고, 가족 간 정서적으로 소통하는 환경도 아니었다. 은별이가 또래와 어울리지 못하고, 상황에 맞는 적절한 행동을 하지 못하는 것은 사회화 학습이 충분히 이루어지지 않아서일 수도 있겠다는 생각이 들었다.

여러 문화들을 체험하며 사회성을 키워주어야겠다는 생각에 은별이에게 영화보기, 장보기, 쇼핑하기, 또래상담 등을 제안하였고, 은별이는 하고 싶다며 관심을 보였다.

어머니와의 만남, 그리고 이해

자연스럽게 은별이와 장보기체험, 의복 구입 후 가정방문을 하며 어머니를 만나게 되었다.

은별이 가족은 임대아파트에 17년째 거주 중이었다. 11평 집은 2평 남짓의 작은방과 거실 겸 주방, 화장실, 베란다 구조로 되어 있었다. 작은 방에서는 은별이와 오빠가 2층 침대에서 함께 생활하였고, 사람이 드나드는 공간 외에는 다른 가구를 들일 수 없을 만큼 협소했다. 집 안은 사람이 편히 쉴 수 있는 공간이 없다고 느껴질 만큼 많은 물건이 겹겹이 쌓여 있었다. 베란다에는 온통 곰팡이가 피어 있었고 그곳에 빨래 건조대가 있어 위생이 취약했다. 냉장고에는 검은 봉지에 내용물을 알 수 없는 음식과 유통기한이 한참 지난 가공품들이 곳곳에 있었다. 설거지는 쌓여 있었고, 먹던 음식도 그대로 놓여있는 상태였다.

"오전에 바리스타로 일[5]해요. 한 달에 50만 원 받아요. 해피콜벤[6] 타고 다녀요. 전화가 안 돼요. 답답해요."

어머니와의 면담은 길게 이어가기 어려웠다. 은별이에 대한 이야기를 해도 어머니는 미소만 지을 뿐 상황을 이해하는 느낌을 받지 못하였다. 어머니는 장애인등록증(2급 지적장애)을 보여주었고, 아버지와는 일곱 살 차이가 난다고 하였다. 나중에 어머니는 갑작스레 학교에 찾아와 전화가 안 되어 답답하지 않냐며, 핸드폰 요금을 해결해 달라는 말을 하기도 하였다. 이런 일들과 가정의 상황을 종합해 볼 때, 은별이가 상황에 따른 적절한 대처 능력, 사회성 학습과 안정적인 정서 경험을 하기엔 어려움이 있는 환경이라 생각되었다.

더 많은 관심이 있었더라면

아버지는 집 청소와 은별이 심리상담, 그리고 가정에서 해주

5 장애인가족지원센터 사회기술훈련으로 커피 머신을 다루는 교육 이수 후 사회적 기업 카페에서 근무하고 있다.

6 교통약자 이용 차량으로, 이용자의 전화를 통해 차량 요청 후 목적지까지 이동하는 서비스이다.

지 못하는 체험 등을 요청했다. 청소 서비스는 일시적으로 청결해질 뿐, 유지하기 위해서는 가족 모두가 정리에 대해 배우고, 노력하는 자세가 필요하다고 알려주었다. 아버지는 같이 해보겠다며 적극적으로 서비스를 원하였다. 그리고 은별이 심리상담에 앞서 아동종합심리검사 후 상담 방향을 정할 것을 제안하였다. 남매가 같은 방을 사용하는 것에 대해 분리가 필요하다고 알려주기도 하였다. 아버지는 이사의 필요성을 알고 있었지만 적극적으로 이사 정보를 알아보지는 않았다. 조금 더 나은 환경, 새로운 변화로의 환기가 은별이 가족에게는 없었고, 그렇게 오랜 기간 지금의 상황을 유지해 온 것이었다. '지역사회의 관심이 조금 더 있었더라면, 지금보다는 나은 상황이지 않았을까?' 하는 안타까운 생각이 들었다.

적극적인 SOS 신호 : 가족의 변화를 위한 움직임

아버지의 적극적인 서비스 동의로 개입은 원활히 진행되었다. 학교 회의를 통해 드림스타트 사례관리팀, 행정복지센터 맞춤형복지팀에 사례를 의뢰하였고, 지역아동센터에 상황을 공유하며 은별이 가족을 지원할 것을 요청했다. 행정복지센터에서는 임대아파트 정보 제공, 긴급복지지원이 가능한지 파악하여 가족을 지원하기로 하였다. 드림스타트에서는 아동 성교육, 의복 지원을, 학교에서는 아동종합심리검사 후 상담, 기초학력과 학습코칭, 집단 상담(또래상담 프로그램), 다양한 문화체험 등을 지원하게 되었다.

아동종합심리검사를 의뢰한 결과, 지능은 경계선(낮음)에 놓여 있지만 사회적 훈련을 통해 충분히 극복할 수 있는 정도로 나타났다. 또 타인의 눈치를 자주 보고, 사회성이 부족한 것은 타인과 교류하는 적절한 방법을 습득하지 못하여 나타난 결과로 보인다고 하였다. 가정환경과 아동종합심리검사 결과를 보니, 그동안 은별이가 타인을 무시하는 태도, 원활한 대화가 되지 않았던 것이 이해되었다. 은별이에게 사회기술훈련을 통해 사회성을 키우는 것이 무엇보다 중요했다. 그렇게 인지치료와 또래상담 프로그램을 시작하였고, 은별이는 상담에 빠짐없이 적극적으로 참여하였다. 특히 또래상담은 혼자 고립되어 있던 은별이가 다른 또래와 어울리며 대화하는 시간으로 은별이가 가장 좋아하는 시간으로 꼽기도 하였다. 그 밖에도 학습코칭, 방학 문화체험 등의 프로그램에 참여하였고, 그 안에서 서서히 웃음을 찾는 모습을 보였다.

빛을 가진 아이, 변화의 시작

6개월쯤 지났을까, 은별이 눈이 빛나기 시작하였다. 또래상담 학생들과 복도에서 인사하고, 대화하며, 사람들과 눈 마주침,

대화가 기존보다 원활해진 것이 확연히 느껴졌다.

"은별아, 너 그거 알아? 요즘에 네 눈이 빛난다. 사실 몇 달 전에는 은별이와 말하기 어렵고, 어떤 생각을 하는지 잘 몰랐는데, 지금은 말로 표현해 주니까 너무 좋아. 계속 이렇게 노력하면 앞으로 더 좋은 일이 있을 것 같아."

은별이에게 밝아진 모습을 칭찬하자, 자신도 달라진 것 같다고 하였다. 예전과 달리 힘이 난다고 했다. 어떠한 한 가지만으로 은별이를 변화시켰다고 단정 짓기는 어렵지만, 분명한 것은 현재 은별이가 사람들과 교류하고, 상황에 적절한 행동을 조금씩 보이고 있다는 것이었다.

은별이 가정에 대한 개입도 동시에 진행되었다. 행정복지센터에서는 아버지에게 큰 평수의 임대 아파트 공고 정보와 긴급복지지원 기준 및 방법을 안내하며 교류하였고, 지역 봉사단체에 아동과 함께하는 문화체험 프로그램에 은별이를 추천하면서 월 2회의 문화체험도 할 수 있었다. 드림스타트에서도 부모양육교육과 아동 성교육을 진행하였고, 후원물품으로 아동 의복과 학습용품 등을 지원하였다. 가장 중요한 청소/ 정리는 굿네이버스에 서비스를 요청하여 진행하였다.

개입이 순차적으로 진행되었다고 하더라도 모두 좋은 결과를 가져온 것은 아니었다. 그중에서도 청소/ 정리 서비스는 물건을 버리지 못하는 어머니의 특성으로 인해 간단한 정리 수준에 그쳤고, 청소는 어머니의 역할이라며 한발짝 뒤에서 지켜보던 아버지는 물건이 어디 있는지 몰라 서비스가 마음에 안 든다고 불편함을 표현했다. 은별이 개인에 대한 개입은 순조로웠으나, 가정에 대한 개입은 난항을 겪었다. 가정환경 변화는 은별이의 생존권, 발달권과 밀접했기에 추가적인 개입이 필요했다. 지역복지관에 사례관리를 추가 의뢰하였고, 복지관에서는 아버지의 적극적인 참여를 요구하며 월 2회의 가사지원과 정리수납 교육을 동시에 진행하기로 하였다.

세상과 소통하는 은별이가 되기를

그 사이 은별이는 5학년이 되었다. 그동안 은별이는 내적으로 성장했다는 것이 학교생활에서도 나타났다. 무엇보다 눈빛에 생기가 돌았고, 학급에서도 함께 어울리는 친구가 1명 생겼다. 인지치료상담이 1년 가까이 지났을 무렵, 은별이는 언제든 사람들이 자신의 안 좋은 모습을 보면 자신을 떠날 거라고 늘 불안하다고 말하였다. 사람에 대한 믿음이 은별이에게 필요했다. 그럴 때 스스로 어떤 부분을 바꿔야 할지 인지하고, 개선하기 위해 노력하면 된다며 용기를 북돋아 주었다. 지금 충분히 잘하고 있다는 말도 잊지 않았다.

부모상담을 통해 은별이가 긍정적으로 변화하고 있고, 성장을 위해 스스로 힘쓰고 있음을 알려주었다. 가정에서 부모님과 교류하고 대화하는 시간을 늘리며, 은별이에게 많은 관심을 보여줄 것을 요청했다. 그것이 앞으로 은별이가 살아가는 삶에 중요한 부분이 될 것이라는 것도 전하였다. 아버지는 함께 그림을 그려줬을 때 은별이가 좋아했었다며, 짧지만 조금씩 시간을 늘려보겠다고 하였다. 또 핸드폰 사용에 대해서도 고민해 보겠다며, 학교에서 신경 써주어 고맙다고 하였다.

학교와 지역사회에서는 여전히 은별이와 그 가정의 회복을 위해 지원을 지속하고 있다. 그동안 지내온 삶의 시간이 짧지 않기에 유의미한 변화가 나타날 때까지는 꽤 시간이 걸릴 것이다. 그럼에도 은별이가 보여준 변화와 가족의 협조적이고 긍정적인 태도는 지금보다 더 나은 삶을 위해 나아갈 것이라는 메시지로 다가왔다. 은별이는 무한한 가능성이 있는 아이이다. 은별이는 이미 변화되고 있기에, 앞으로도 계속 자신의 힘을 키우고 성장할 것이다. 한 걸음, 한 걸음 그 성장에 발맞춰 나가며 옆에서 응원하는 것이 나의 할 일인 것 같다.

개입의 초점

1 **아동의 인지, 정서, 성격 등 전반적인 발달 상태에 따른 개입**

아동종합심리검사 결과와 대인관계의 어려움, 상황에 따른 미숙한 행동, 나이에 맞지 않는 놀이 형태 등의 행동 관찰 결과를 종합하여 또래상담, 인지상담, 멘토링과 같은 사회성기술훈련 프로그램을 지원하였다.

2 **가정환경 변화와 지역사회 자원 연계**

- 가족의 장애, 경제적 어려움, 열악한 집안 환경 등 종합적 어려움이 있는 가족으로, 가족을 개입 대상으로 하여 지역사회의 다각적 자원을 연계하였으며, 사회적 안전망을 구축하고자 하였다.
- 자원 연계를 넘어 가족 간 가정환경 변화, 정서적 교류를 위해 가족이 자발적·경험적으로 학습할 수 있는 방향으로 개입하였다. 가족문화 프로그램, 가족상담, 가사 지원 등 구성원이 함께 참여할 수 있도록 이끌었다.

개념 및 이론 TIP

1 **일반체계이론(General System Theory)**

- **개념** : 가족은 하나의 체계로, 가족구성원들 간 상호 의존적으로 체계를 형성한다. 체계적 관점에서 가정은 순환적 인과관계를 통해 상호영향을 주고받으며, 가족문제는 특정 인물이 아닌 순환 중인 가족관계 체계의 맥락 속에서 이해될 수 있다(엄명용 외, 2006).
- **사례 적용** : 학생이 보인 문제는 학생 한 명의 문제로 파악되기보다는 가정 안에서 적절한 상호작용 부재와 환경적 요소에서 파생된 문제로 파악

되었으며, 이러한 관점에서 가족 간 유연한 관계를 형성할 수 있는 개입 방향을 설정하게 되었다.

2 피아제의 인지발달이론

- **개념** : 인지발달은 인간이 타고난 인지능력이 환경과의 상호작용을 통해서 어떻게 변화해 가는가를 이해하는 것으로, 유전적 요인과 환경적 요인(물리적 경험과 사회적 요인)이 상호작용하여 인지구조를 형성하는 것이다. 도식, 동화, 조절 개념을 중심으로 감각운동기, 전조작기, 구체적 조작기, 형식적 조작기를 거쳐 추상적이며 융통성 있는 사고를 가능하게 한다고 할 수 있다(최순남, 2002).
- **사례 적용** : 가정의 유전과 환경적 상황을 종합적으로 판단하였을 때, 학생이 보여준 행동은 공동 물품을 독점 사용하는 등의 자기중심성으로 타인에 대한 배려와 이해가 부족하였으며, 계절에 맞는 옷 구분이 되지 않았고 시간에 대한 개념 부족으로 약속 시간에 늦거나, 잊는 등 구체적 사고를 하는 모습을 보기 어려웠다. 이에 장기적인 인지 상담 치료 시작과 동시에, 가정에 학생의 상황을 지속적으로 공유하며 가정에서 함께 학생을 지지할 수 있도록 하였다.

3 사회성기술훈련(Socail Skills Training)

- **개념** : 사회학습의 원칙을 기반으로, 클라이언트의 긍정적인 사회적 행동을 향상시킴으로써 클라이언트가 주변 환경에 영향력을 향상시킬 수 있도록 돕는다. 긍정적/ 부정적 피드백 제공하기, 부정적 피드백 수용하기, 타인의 감정 파악 및 공감하기, 대화 시작하기 등의 프로그램을 훈련하도록 구성되어 있다(엄명용 외, 2006).

- **사례 적용** : 유아기부터 적절한 사회성을 습득할 수 있는 환경의 부재로 상황에 따른 적절한 행동대처, 타인과의 교류 부재, 자기주장 부족 등의 행동을 보였다. 이에 학생이 타인과 상황에 따라 적절한 태도와 대처를 할 수 있도록 멘토링(코칭), 집단상담, 일상생활기술훈련을 구성하여 제공하였다.

동료 슈퍼비전

1. 학생의 가족환경과 행동 양식을 보아, 아동종합심리검사를 통해 학생의 인지, 정서, 심리 등 전반적인 발달 상황을 확인한 후 서비스를 개입한 것이 적절해 보인다.
2. 학생이 취약한 (위생) 생활환경에서 거주하는 것은 발달권과 생존권이 저해되는 상황이다. 이에 주거 환경 개선을 위한 서비스 개입과 동시에, 이를 지속할 수 있도록 가사 정리, 청소 등 가족구성원이 함께 참여할 수 있도록 교육적 프로그램이 동시에 지원되어야 할 것이다.

좀 더 알아보기

1. 경제적으로 어려움이 있는 장애인 가정에 필요한 사회적 자원을 파악해 봅시다.
2. 지적장애 부모를 둔 아동이 또래 관계 또는 사회적 참여에서 겪을 수 있는 어려움에 대해 생각해 봅시다.
3. 초등 고학년 대상의 사회기술훈련 프로그램에 대해 알아봅시다.

☆ 참고문헌

엄명용·노충래·김용석(2006). **사회복지실천기술의 이해**(pp. 149-150; pp. 319-324). 서울 : 학지사.

최순남(2002). **인간행동과 사회환경**(pp. 277-304). 경기 : 법문사.

Chapter

02

아동학대 가정에 대한 위기 개입

1

다솜이에게

가정의 방임으로부터 보호가 필요한 학생 사례

마음속에 여전히 머무는 아이, 다솜

"쌤~ 다솜이는 잘 지낸대요? 다솜이가 계속 눈에 밟히네, 어떻게 지내나 궁금해요~"

점심시간, 교장선생님의 목소리에는 반가움과 걱정이 동시에 묻어났다.

"네, 교장선생님, 지금 지내는 시설에 잘 적응했대요! 워낙 똘똘한 아이라 잘 지내고 있을 거예요."

교장선생님은 안도의 한숨을 내쉬며 덧붙였다.

"다행이네. 그래요 다솜이는 야무져서 어디서든 잘 적응해서 지낼 거라고 생각해요. 다솜이 엄마 소식도 알아요?"

나는 최근 들은 소식을 전했다.

"네, 행정복지센터랑 복지관에서 거주지 이전하는 거 도와주었다고 해요. 요 근방으로 이사해서 지내고 있고, 계속해서 사례관리한다고 들었어요."

"잘됐네요. 지역사회에서 이렇게 도움을 주니 참 감사하네요. 선생님이 제일 고생했지요. 가끔씩 다솜이 소식 좀 들려줘요~"

다솜이가 생활시설(그룹홈)에 입소하면서 전학을 간 지 몇 년이 흘렀지만 여전히 다솜이의 안부를 궁금해하는 선생님들이 많다. 교장선생님뿐만 아니라 다솜이를 가르쳤던 담임교사, 보건교사, 전문상담사 등 모든 교직원이 다솜이의 이야기가 나오면 반가움 속에도 걱정이 스민 표정을 지었다. 아마도 지역사회가 한마음으로 품었던 학생이기 때문일 것이다. 그 애틋함은 시간이 흘러도 쉽게 사라지지 않았다.

소문 속 아이와의 첫 만남

다솜이는 소문으로 먼저 만난 학생이다.

"선생님, 다솜이라는 친구가 있는데 이번에 선생님네 학교로 입학하거든요. 저희 기관에서 사례관리하는 가정인데 쉽지 않아요."

전화기 너머로 들려오는 담당자의 목소리에는 조심스러움이 섞여 있었다.

"이웃들 간에 갈등이 심해요. 싸움만 났다 하면 경찰서 가고, 서로 고소한다 어쩐다. 어휴... 말도 못해요. 지금도 소송이 걸려 있어요. 다솜이, 잘 좀 부탁해요."

또 다른 기관에서는 이런 이야기까지 전해왔다.

"선생님, 다솜이네 가정이 만만치 않아요. 본인들이 받을 수 있는 복지혜택에 대해 어찌나 잘 아는지 어떨 땐 저보다 더 잘 아는 거 같아요. 여기저기 사회복지기관 찾아다니며 복지 쇼핑하듯 필요한 것을 요구하고, 거절하면 소리 지르며 욕하고 떼를 쓰는데요. 태어나서 그런 욕은 처음 들어봤다니까요. 그런 곳에 다솜이는 왜 데리고 다니는건지 참... 다솜이가 너무 안쓰러워요. 잘 지켜봐 주세요."

입학 전부터 주변 지역사회기관 담당자들에게 하도 연락을 받아서인지 나중에는 동네를 지나다니는 그 또래 아이들을 보면서 '저 아이가 다솜이가 아닐까?' 생각하기도 했다.

입학식 날, 누가 알려주지 않았는데 첫눈에 다솜이를 알아봤다.

전동휠체어를 탄 나이 지긋한 아빠와 절룩거리며 걷는 엄마 사이에서 호기심 가득한 얼굴로 걸어오는 한눈에 보기에도 암팡진 여자아이. 다솜이었다.

나만 다솜이를 눈여겨보는 줄 알았는데, 교장선생님과 담임선생님, 보건선생님 등등 많은 선생님들도 이미 다솜이를 눈여겨보고 있었다.

어느 날 오후 담임선생님이 나를 찾아왔다.

"선생님, 저희 반에 다솜이요. 위생상태가 너무 안 좋아요. 옷도 엄마 옷을 입고 오는지 사이즈가 안 맞고요. 말을 할 때 보면 어른들이나 사용하는 단어나 말투 때문에 친구들이랑도 계속 갈등상황이 생기네요. 아이는 참 예쁜데요. 어떻게 도와줄 방법이 없을까요?"

나는 직감했다. 다솜이와의 여정이 길고도 복잡할 것이라는 것을.

불안정한 가정, 멈춰선 개입

다솜이네는 아버지, 어머니와 함께 사는 3인가구였다. 아버지는 70대 고령으로 거동이 불편하여 전동휠체어를 사용했다. 다솜이의 어머니와는 재혼이라고 했다. 어머니는 다솜이 아버지와는 초혼이었는데, 지적장애가 있어 양육 전반에 어려움이 있었다.

집 안에는 동네 아저씨들이 자주 드나들었고, 다솜이는 종종 집 밖을 배회했다.

경찰서에 항의나 진술을 하러 갈 때도 다솜이가 동반되었는데, 이는 아동의 발달과 안전에 심각한 위험을 줄 수 있는 상황이었다.

더욱 우려스러운 건, 어머니의 성매매 정황까지 의심되는 상황이었음에도, 아동보호전문기관에서는 아동학대 사례로 개입하지 않았다는 것이다.

그 판단은 다른 아동 담당기관들의 반발을 샀고, 개입 범위와 책임을 두고 갈등을 불러왔다.

가정 내 돌봄 공백과 안전 위협이 명확했지만, 제도와 기관의 판단이 서로 엇갈리면서 다솜이는 여전히 불안정한 환경 속에 살아가고 있었다.

엇갈린 도움 속에서 놓을 수 없는 손

다솜이의 가정에는 이미 여러 기관이 개입하고 있었다. 행정복지센터, 복지관, 아동NGO, 민간 후원단체까지 다양한 자원이 투입되고 있었지만, 서로의 개입 현황을 공유하는 체계는 없었다. 그 결과 어떤 서비스는 과도하게 중복되었고, 정작 꼭 필요한 지원은 누락되기도 했다.

부모는 이러한 지원을 선택적으로 활용하며 요구수준을 높였다. 조건에 맞지 않는 지원까지 집요하게 요청했고, 거절당하면 언성을 높였다.

일부 기관에서는 "솔직히 부모를 보면 서비스를 끊고 싶다."는 말까지 나왔지만, 그 끝에는 항상 "다솜이를 생각하면 발을 뺄 수 없다."는 한마디가 따라왔다.

현장의 피로감과 아동에 대한 책임감이 동시에 존재하는 이중적인 상황이었다.

설득과 선택, 그리고 이별의 문턱

아동의 원가정 분리가 이루어지기 위해서는 무엇보다 아동 본인의 동의가 필요했다. 그러나 그 동의를 얻는 일은 결코 쉽지 않았다. 대부분의 아이들이 그렇듯, 엄마의 양육 태도와는 상관없이 '엄마'는 아이의 전부이다. 다솜이 역시 마찬가지였다. 비록 불안정한 환경과 위험이 가득했지만, 다솜이는 엄마 곁을 떠나고 싶지 않아 했다.

그러나 가정에 그대로 다솜이를 방치하는 것은 너무나 위험해 보였다. 나는 다솜이와 함께 생활시설을 방문하기로 했다. 가정을 벗어나도 살아갈 수 있다는 것을, 좀 더 안전하게 보호받을 수 있다는 것을 보여주고 싶었다.

생활시설로 가는 차 안, 창밖으로 스치는 풍경을 바라보던 다솜이의 눈이 반짝였다. "이층침대가 있으면 좋겠어요.", "내 책상도 있을까요?", "저는 언니가 있으면 좋겠어요." 이 상황을 아는지 모르는지, 다솜이는 연신 미소를 지으며 설레는 듯 상상의 나래를 펼쳤다.

생활시설에 도착하여 직접 공간을 보고, 시설에서 진행하는 프로그램과 생활 전반에 대해 이야기를 들었다. 시설을 둘러보는 내내, 다솜이의 눈빛 속에 잠깐씩 스치는 그늘을 놓치지 않았다. 미소짓다가도 입술을 꼭 다무는 순간들, 낯선 사람들과 공간에 대한 경계심이 느껴졌다.

집으로 돌아가는 길, 말을 꺼내기 전 내 마음속에서도 수십 번의 '혹시'가 오갔다. 이 선택이 다솜이에게 상처가 될까, 아니면 구원이 될까? 그러나 그 순간, 다솜이가 지금보다 더 안전한 곳에서 숨을 쉴 수 있어야 한다는 확신이 들었다. 다솜이에게 조심스럽게 말했다.

"엄마도 엄마의 역할을 배울 시간이 필요해. 엄마가 준비될 동안 네가 안전하게 지낼 수 있는 곳에서 생활하면 어떨까?"

그날 대화를 끝으로 다솜이는 마침내 분리에 동의했다. 이 결정은 다솜이에게도, 우리 모두에게도 쉽지 않은 선택이었다.

새로운 시작을 향한 발걸음

다솜이가 원가정 분리에 동의하자 모든 일이 거짓말처럼 빠르게 진행되었다.

분리 동의 소식과 함께 전학소식도 전해졌다. 생활시설 인근 학교로 전학을 하게 된 것이다. 새로운 환경에서 안전하고 위생적인 생활을 보장받으며, 또래 관계를 건강하게 다시 형성할 수 있다는 점에서 마음 깊이 안도감을 느꼈다. 무엇보다 늘 불안과 긴장 속에서 생활하던 다솜이가 이제는 안정된 환경에서 자신의 일상을 꾸려갈 수 있다는 생각에 가슴이 놓였다.

그러나 과정이 마냥 순탄했던 것은 아니었다. 각 기관이 상황을 받아들이는 온도차가 컸고, 절차를 조율하는 과정에서 크고 작은 의견충돌이 있었다. 특히 사후지원계획에 대해 충분히 논의하지 못한 점은 오래도록 아쉬움으로 남는다. 시설 입소 이후에도 다솜이가 장기적으로 안정된 생활을 할 수 있도록 유관기관이 지속적으로 협력하는 체계를 좀 더 촘촘히 마련할 필요가 있음을 절감했다.

그럼에도 이번 결정은 여러 기관이 한마음으로 협력한 결과였다. 상황이 복잡하고 변수가 많았지만, 모두가 '다솜이를 위한 최선'을 목표로 발걸음을 맞추었기에 가능했다. 그리고 이 선택은 다솜이가 안전하고 존중받는 환경에서 다시 시작할 수 있도록 돕는, 그 시점에서 가장 옳고 필요한 조치였다.

돌아보면, 이 과정은 교육복지사로서 내게도 사명과 존재의 이유를 다시금 깊이 새기게 했다. 다솜이를 보내는 날, 안도와 허전함이 뒤섞여 마음 한편이 오래도록 먹먹했다. 마치 오래 품어온 아이를 새로운 둥지로 보내는 심정이었다. '잘 지내겠지'라는 믿음과 함께, '혹시나 다시 도움이 필요하면 곁에 있을 수 있을까' 하는 책임감이 여전히 남았다. 아이 한 명의 삶을 바꾸는 일은 결코 혼자 해낼 수 없다는 사실, 그리고 그 길 위에서 함께 걸어준 많은 이들의 소중함을 다시금 깊이 새기게 되었다.

✩ 개입의 초점

1 **위험 사정과 보호의 필요성 판단**

- 가정 내 돌봄 공백, 반복되는 안전 위협, 부적절한 양육 환경을 종합적으로 사정하고, 아동 발달권과 안전권이 심각하게 침해되고 있음을 확인하였다.
- 기관 간 개입 온도차와 판단 불일치 속에서도 '현 상태 지속 시 중대한 위험이 발생'할 수 있는 가능성을 근거로 긴급보호 개입의 필요성을 명확히 하였다.

2 **아동의 의사결정 지원과 심리적 안전망 형성**

- 아동의 애착 관계와 분리에 대한 정서적 저항을 인식하고, 생활시설 사전 방문·환경 체험·관계자 만남 등을 통해 변화에 대한 불안을 완화하였다.
- 존중과 신뢰를 기반으로 한 대화를 통해 아동이 스스로 선택·동의할 수 있도록 의사결정 과정을 지원하였다.

3 **통합적 사례회의와 아동보호체계 구축**

- 행정복지센터, 종합사회복지관, 학교, 생활시설 등 다수 기관 간의 정보 공유와 절차 조율을 직접 수행하여, 분리·전학·입소가 신속히 이루어지도록 하였다.
- 생활시설 입소 후에도 아동이 장기적으로 안정된 생활을 유지할 수 있도록 사후지원 필요성을 강조하였고, 지속적인 모니터링 의지를 유지했다.

개념 및 이론 TIP

1 위기개입이론(Crisis Intervention Theory)

- **개념** : 위기는 외부적 사건뿐 아니라 개인의 내적 갈등이나 환경적 변화로 인해 심리적 균형이 깨진 상태를 의미하며, 위험과 기회가 공존하는 복합적 개념이다. 위기개입이론은 이러한 불안정한 상태에서 즉각적이고 단기적인 개입을 통해 개인이 위기 이전의 기능 수준을 회복하도록 돕는 것을 목표로 한다. 이 이론은 심리학·사회학·정신분석학 등에 기반하며, 시간의 긴급성을 전제로 안전보장, 지지제공, 대안탐색, 실행 등의 단계적 개입과정을 강조한다. 최근에는 학교, 아동복지, 폭력·재난 대응 등 다양한 실천 현장에서 활용되고 있다(김정진, 2019; 이미선 외, 2020).
- **사례 적용** : 다솜이는 양육자의 역량 부족, 부적절한 가정환경, 잠재적 학대 위험 등 다차원적 위기상황에 있었다. 교육복지사는 긴급성을 판단하고, 즉각적인 대안 보호환경을 제시하여 물리적·심리적 안전을 동시에 확보했다. 이는 이후 장기적 사례관리로 이어질 수 있는 기반이 되었다.

2 사례관리(Case Management)

- **개념** : 사례관리는 클라이언트의 욕구를 통합적으로 조정하고 자원을 연계하여 문제해결을 돕는 사회복지실천 기법이다. 아동복지에서 사례관리의 핵심은 아동의 안전과 안녕을 보장하는 것으로, 아동의 신체·정서 상태, 생활환경, 보호자의 양육 태도 등을 사정하고 개입을 조정·추적한다. 아동은 단순히 '작은 성인'이 아니므로 발달단계에 맞춘 전문적 접근이 필수적이다(최영희 외, 2018; Arthur J. Frankel & Sheldon R. Gelman, 2007).

- **사례 적용** : 원가정 분리는 반드시 아동의 동의를 필요로 했으며, 다솜이는 초기에는 강한 거부감을 보였다. 교육복지사는 생활시설을 직접 견학하게 하고, 프로그램과 생활환경에 대한 구체적 경험을 제공하여 변화에 대한 인지적·정서적 준비도를 높였다. 결과적으로는 다솜이 스스로 안전한 환경으로의 전환을 선택했으며, 이는 장기적 적응에 긍정적인 영향을 주었다.

3 아동학대 피해아동의 통합적 보호체계 구축

- **개념** : 아동학대 피해아동의 통합적 보호체계 구축은 아동의 생존을 넘어 발달과 회복을 보장하기 위한 필수 과제이다. 유년기 트라우마는 장기적으로 신체적·정서적 발달을 저해하므로, 사후적 치료보다 초기 개입과 예방 중심의 체계가 필요하다. 아동의 안전과 보호자 심리 상태, 학대 가능성을 종합적으로 고려한 분리·보호 기준과 함께, 쉼터·공동생활가정·전문위탁가정 등 다층적 보호자원의 확충이 시급하다. 이를 통해 아동의 권리와 삶의 질을 실질적으로 보장할 수 있다(김미숙, 2020; 정익중 외, 2021; 최은희, 2005).
- **사례 적용** : 다솜이의 생활시설 입소와 전학은 단순한 물리적 이동이 아니라 생활 전반의 변화였다. 교육복지사는 안전한 주거 확보, 또래 관계 재형성, 학교 적응 지원, 지역사회 자원 연계를 병행하여 환경 변화로 인한 혼란을 최소화했다. 이를 통해 다솜이가 새로운 환경에서 안정된 생활 구조를 형성할 수 있도록 도왔다.

동료 슈퍼비전

1 전학 후 생활시설 적응과 또래 관계 형성을 위한 장기적 모니터링이 필요해 보인다. 또한 사례관리 과정에서 느낀 피로감과 책임감에 대한 정기적 점검, 동료·슈퍼바이저와의 정서적 지지 체계가 필요할 정도로 교육복지사의 감정이나 부담 관리도 필요해 보인다.

2 지역사회 여러 기관이 개입된 상황에서 정보 공유 체계가 없어 효율적인 서비스 제공이 어려웠을 것 같아 아쉽다. 주도적으로 이끌 기관을 정해 운영했다면 더 좋았을 것 같다. 그 역할을 학교에서 해보려는 노력이 보였고, 교육복지사 선생님의 노고가 느껴졌다. 또한 학생을 위해 학교 안의 서비스에 그치지 않고 생활시설까지 알아보고 입소 절차를 진행한 부분에서는 다솜이를 진심으로 아끼는 마음이 전해졌다.

3 아동이 원가정에서 분리된다는 것은 아동에게도, 부모에게도, 사례와 관련된 유관기관의 담당자들에게도 매우 어렵고 신중한 판단을 요하는 일이다. 그러나 아동의 안전을 최우선으로 해야 하므로 결과적으로는 필요한 과정이었다고 생각한다.

4 사례지원 과정에서 가족체계에 있는 아버지의 역할과 입장이 어땠는지 궁금하다. 고령에 전동휠체어를 의지해야 하는 장애가 있지만, 자녀에 대한 아버지의 양육관이나 역할에 대한 점검이 필요했으리라 생각한다. 또한 현재 아동은 가족과 일시적인 분리를 한 것으로 보여지는데, 안전하게 원가정에 복귀하기 위해서는 아버지와 어머니의 양육관의 변화가 필요하다. 이와 관련하여 부모에 대한 유관기관과의 장기적인 개입 방향과 대책(부모 사례관리 등)을 설정하는 것 또한 필요할 것으로 생각된다.

좀 더 알아보기

1 불안정한 가정환경 속에서도 아동이 시설 입소 여부를 스스로 결정할 수 있도록 발달수준에 맞춘 정보제공과 설득 과정을 어떻게 설계할지 생각해 봅시다.

2 중복지원과 서비스 누락을 줄이기 위해 각 기관의 개입 범위와 책임을 명확히 하고 실질적인 정보 공유 체계를 어떻게 구축할지 생각해 봅시다.

3 아동 분리라는 급성 위기상황에서 안전을 확보하는 동시에, 전학·새로운 생활환경 적응 지원을 어떻게 병행할지 생각해 봅시다.

4 장기적인 신뢰 관계를 유지하면서도 감정적 과몰입을 방지하고, 이별 과정에서 전문성을 지키는 경계 설정 방법을 생각해 봅시다.

참고문헌

김미숙(2020). 학대피해아동 분리보호 개선방안 연구. 한국케어매니지먼트연구, 제35호, pp. 169-192.

김정진(2019). **사회복지실천기술론-사례와 함께하는 사회복지실천기술 연습**(pp. 219-235). 서울 : 학지사.

이미선·강우진·권향임·오영림(2020). **사회복지실천기술론**(pp. 119-134). 서울 : 신정.

정익중·오정수(2021). **아동복지론**(pp. 562-563). 서울 : 학지사.

최영희·김영희·심희옥·심미경(2018). **아동상담의 이론과 실제**(pp. 10-23). 서울 : 창지사.

최은희·윤여정·류경희(2005). 학대받은 아동의 쉼터 적응과정에 대한 근거이론 연구. **한국아동복지학**, (19), 37-73.

Arthur J. Frankel & Sheldon R. Gelman(2007). **사례관리-개념과 기술**(권진숙 역)(pp. 56-58; pp. 195-200). 서울 : 학지사.

2

바퀴벌레가 맺어준 인연

가정 내 안전망 구축이 필요한 학생 사례

작은 소동, 큰 관심의 시작

벌레 중 가장 빠른 벌레는?

정답, 바퀴벌레. 이유는? 바퀴가 달려서란다.

뜬금없이 바퀴벌레라니…? 민흥이 남매를 만난 것이 바퀴벌레 덕분이라 그렇다.

점심시간 즈음, 교육복지실 문이 빼꼼 열린다. 3학년 담임선생님이다.

평소에도 학생에 대해 함께 이야기 나누길 좋아하는 분이라 교육복지실로 들어오는 선생님의 발소리에서부터 감이 온다. '왠지 이야기가 길어지겠는걸?'

아니나 다를까, 믿을 수 없는 이야기를 풀어놓는다.

"네? 어디서 뭐가 나왔다고요?"

"아이참, 리코더에서요, 바퀴벌레가 나왔어요."

"리코더가 제가 아는 그 리코더 맞죠? 삘릴리 부는…?"

이야기인즉슨, 음악 시간에 리코더 연습을 하려고 리코더를 꺼내는데, 한쪽에서 난리가 났더란다. 민홍이의 짝꿍은 저만치 달려가 있고, 민홍이는 의기양양하게 손바닥으로 바퀴벌레를 내리치는 장면이 목격된 것이다.

"에이, 선생님, 바퀴벌레가 맞아요? 그리고 민홍이 리코더에서 나오는 게 확실히 확인이 된 건가요?" 리코더와 바퀴벌레라니 믿을 수 없는 조합에 한 번 더 되묻는다.

"선생님, 이번이 처음이 아니에요. 전에도 계속 바퀴벌레가 나와서 저는 밖에서 들어온 줄 알고, 행정실을 얼마나 들들 볶았다고요. 소독 좀 제대로 해달라고요. 그런데 이제 보니 민홍이를 따라온 바퀴벌레더라고요. 확실해요. 저도 설마설마했다니까요."

감정을 제대로 표현 못 해서 자주 울기는 해도 멀끔한 외모에 옷도 깔끔하게 입고 다니는 민홍이에게 바퀴벌레라니, 도대체 무슨 일이 벌어지고 있는 거지?

관심이 모여 퍼즐이 맞춰지다

먼저 민홍이 주변인 조사에 착수했다. 민홍이의 전(前) 담임선생님과 민홍이 동생 담임선생님, 특수학급 선생님(민홍이 동생은 발달지연으로 특수교육 대상자임)에게 비슷한 경험이 있는지 확인하기 위한 1차 사례회의가 소집되었다. 상황을 공유했더니 제일 눈이 커지는 사람은 특수학급 선생님! 그동안 민홍이 동생을 지도하면서 고개가 갸우뚱해지는 순간들을 이야기하며 퍼즐이 하나하나 맞춰지는 것 같다고 이야기한다. 민홍이 동생이 아직 배변 훈련이 안 되어 대변이 묻은 팬티를 갈아입혀 가방에 넣어주었는데 며칠째 가방 안에 방치되었던 이야기, 여름방학 지나고 가방에서 꺼낸 텀블러에 물때가 새까맣게 끼어있던 이야기 등 그동안 (경고 조치에 가까운) 학부모 상담만 하고 넘어갔던 부분들이 함께 이야기하며 짜 맞춰진다는 것이다. 답답함과 걱정이 컸던 만큼 제일 적극적이다. 가정과 가장 연락을 많이 해온 본인이 학부모에게 전화하여 가정 상황을 직접 확인해 보겠다고 한다. 민감한 사안이므로 계속 소통해 오던 특수학급 선생님에게 연락을 부탁하고 나는 연계할 수 있는 자원을 파악해 보기로 했다. 담임선생님은 민홍이를 관찰하여 상황을 계속 공유하기로 역할을 정한 뒤 정보가 수집되는 대로 다시 모이기로 했다.

특수학급 선생님으로부터 연락이 왔다.

"선생님, 바퀴벌레 많이 나온대요. 매일매일 바퀴벌레가 많이 나와서 엄마도 스트레스 받는다네요!"

발견에서 연계로 : 지역 네트워크를 통한 지원 경로 모색

어질해진 정신을 부여잡고 이 가정에 대해 차근차근 정리를 해보며, 어느 기관에 먼저 연락을 할까 생각해 보았다.

① 수급가정인가? 아니요(저소득가정이 아니라면 지원의 한계에 부딪치기도 한다. 해당 가정이 복지사각지대[1] 가정으로 판단되나, 지원의 필요성을 증명하거나 연속적 지원을 받는 것이 쉽지 않다).

② 아동학대 이력이 있는가? 아니요(아동학대 이력이 있는 경우, 지자체 개입(드림스타트, 아동보호전문기관 등)으로 이미 지원(사례관리)을 받고 있는 경우가 많다).

③ 가정 내 취약 부분이 있는가? 네(민흥이네는 경제적 어려움이 크지 않으나, 다문화가정으로서 문화적 차이로 인한 양육부담과 정서적 소통의 어려움을 경험하고 있다).

다문화가정을 사례관리하고 지원하는 가족센터에 전화를 했다. 이미 사례관리를 하고 있는 가정일 수도 있고, 아직 개입 전이라면 의뢰·연계하기 위해서이다. 확인 결과 다행히 해당 가정은 이미 사례관리를 받고 있었고, 담당 사회복지사가 가정 상황을 잘 파악하고 있었다. 학교에서 있었던 일들을 공유하고, 함께 모여 이야기 나누기로 약속을 잡았다.

1 경제적 기준이 사회보장제도의 범위 안에 들지 않으나, 경제적·사회적 자본 등의 부재로 어려움을 겪고 있는(다양한 지원에서 제외되는) 상황을 비유적으로 이르는 말이다.

방과 후엔 지역아동센터에 다니는 아이들이라, 지역아동센터에도 내용을 공유했다. 지역아동센터 담당자들도 연락을 기다리기라도 한 듯 민홍이 남매에 대해 할 이야기가 많다고 한다.

당사자 중심 사례회의를 통한 심층 이해

정보를 모으다 보니, 기관 담당자들끼리 모여 이야기한다고 해결될 문제가 아니다. 또 당사자들에게 확인해야 할 부분도 여럿 발견되었다. 궁리 끝에 당사자를 중심으로 사례회의를 진행해 보기로 했다. 각 기관 담당자들도 찬성이다. 민홍이 남매 부모님도 선뜻 사례회의 참석에 동의했다. 한국어가 서투른 엄마를 위해 가족센터에서 통역자원봉사자를 섭외해 주었고, 일사천리로 사례회의가 진행되었다.

아이들의 학교생활과 지역아동센터의 모습들을 공유하며 사례회의의 문을 열고 그동안 학교에서 관찰되었던 부분들과 '~카더라' 통신으로 모은 정보들을 확인하는 질문이 이어졌다. 외부 기관에서 바라보는 가정의 모습, 각 기관에서 도움을 줄 수 있는 부분 등을 자세히 소개하였다. 이야기가 진행될수록 긴장으로 굳어 있던 부모님의 표정이 조금씩 풀렸다. 부모님이 스스로 필요하다고 느끼는 부분, 도움받고 싶은 부분에 대해 이야기하는 시간이 이어졌다. 예상대로 가장 시급한 문제는 '바퀴벌레

해결'이었다. 이어 민흥이가 친구와의 갈등상황에서 울음으로 감정을 표현하는 점, 기초학력 부진 문제, 그리고 동생을 돌보며 느끼는 스트레스에 대한 이야기도 나왔다.

대화를 통해 민흥이 가정의 상황을 더 구체적으로 알 수 있었다. 친인척이 없는 아빠와 베트남이 친정인 엄마는 어려운 상황에서도 도움을 받을 수 있는 사회적 자원이 거의 없는 상태였다. 더군다나 교통사고로 목 아래로는 움직일 수 없는 할머니를 가정에서 돌보고 있어, 엄마의 관심이 자연스레 할머니에게 집중될 수밖에 없었다.

아빠의 잦은 이직으로 생계가 불안정했고, 엄마는 생계를 돕기 위해 부업을 하면서 밤낮이 바뀐 생활을 하고 있었다. 이로 인해 민흥이 남매를 세심하게 돌보기 어려운 현실이 드러났다. 사례회의 후, 보다 정확한 상황 파악을 위해 가정방문을 진행하기로 했다.

현장에서 마주한 삶의 무게

17평 남짓한 아파트에 다섯 식구가 함께 지내고 있었다.

가정방문은 학교와 가족센터 담당자가 함께 동행하였다. 민흥이네 집에 들어서자 할머니는 거실 겸 주방 한편에 놓인 환자용 침대에 누워계셨다. 고개를 살짝 돌리며 환한 미소로 반갑게 인사를 건네셨다. 첫 가정방문이었는데 할머니는 내내 '고맙다'

는 말을 여러 번 되풀이하셨다.

집은 발 디딜 틈 없이 짐으로 가득 차 있었고, 청소 상태도 매우 불량했다. 이런 환경에서 아이들과 와상환자인 할머니가 건강하게 지낼 수 있을까 걱정이 되었다.

다각적 개입으로 촉진된 변화의 시작

먼저, 해결 1순위인 정리정돈과 방역서비스는 어떻게 지원할 수 있을지 고민하던 차에 굿네이버스에서 위기가정을 위한 지원을 해준다는 공문이 왔다. 집 청소와 방역서비스를 신청했고, 가정방문 했을 때 민흥이가 사용할 책상이 없던 것이 떠올라 민흥이가 앉아서 공부도 하고 좋아하는 활동도 할 수 있도록 책상을 함께 선물해 주었다.

또 민흥이의 기초학력 향상 및 학교생활 적응을 돕기 위하여 교육복지실에서 진행하고 있는 느린학습자지원사업[2] 참여를 권하였고, 민흥이와 민흥이의 부모가 동의하여 진행하게 되었다. 주 3회 정기적으로 민흥이를 만나 인지학습과 사회성 향상을 위한 활동을 하며 기초학력뿐만 아니라 사회적 기술을 익히는 시간을 가졌다.

2 경계선지능아동(느린학습자)을 위한 맞춤형 프로그램이다. 경계선지능아동의 인지학습지원과 사회성 향상을 목표로 사회복지공동모금회 복권기금사업의 일환으로 한국학교사회복지사협회의 도움을 받아 지원받고 있다.

양육 스트레스가 큰 민흥이를 위해 엄마와 단둘이 시간을 보낼 수 있도록 가족문화 체험활동도 지원하였다. 처음에는 동생을 떼어놓고 하는 활동이라 어색하고 걱정 가득한 모습이었는데, 시간이 지나자 엄마와 단둘이 보내는 시간을 즐기는 민홍이의 모습이 무척 행복해 보였다. 이렇게 누구의 오빠, 누구의 손자가 아니라 민흥이 그 자체로서 존중받고 사랑받는 활동이 자주 있으면 좋겠다는 생각이 들었다.

환경 개선과 통합적 지원을 통한 가족기능 회복

이렇게 다양한 활동들의 결과는 매우 성공적이었다.

집 청소가 끝나고 다시 방문한 민흥이의 집은 안정을 찾았다. 집 안의 물건이 제자리를 찾아 깨끗해진 것은 물론이거니와 가족이 둘러앉아 도란도란 이야기할 수 있는 공간이 마련되었다. 또 하나 큰 변화는 할머니가 요양병원으로 거처를 옮긴 것이다. 말도 안 통하는 외국인 며느리와 위생이 좋지 않은 집에서 지내는 것이 매우 힘들었는데, 요양병원의 위생적인 환경과 항상 대화할 수 있는 누군가가 있다는 것이 행복하다고 한다. 이렇게 집의 분위기가 바뀌니 아이들 얼굴에도 편안함이 느껴지고 웃음이 많아졌다. 요즘은 일부러 교육복지실 앞을 지나가며 열린 문 너머로 손을 흔드는 민흥이의 모습이 참 행복해 보인다.

학교에서는 담임선생님도, 특수학급 선생님도 함께 행복하다. 갸웃갸웃 의문스럽던 민흥이의 가정 상황을 정확히 알게 되었고, 변화되는 과정을 함께하며 뿌듯함을 느낀다고 한다. 개입 이후에는 부모님의 태도도 한결 협조적으로 변해 학교와의 소통이 훨씬 원활해졌다. "이런 맛에 교육복지실에 자주 오게 된다니까요." 담임선생님은 웃으며 엄지를 들어보였다.

오늘 만난 민흥이의 귓속말이 노랫소리처럼 들린다.

"바퀴벌레 이제 덜 나와요. 언제 우리 집에 오세요. 책상 구경시켜드릴게요."

개입의 초점

1 **생활환경 및 위생 개선을 통한 안전한 성장 기반 마련**

- 주거공간의 정리정돈과 방역을 지원해 아동과 가족이 기본적인 위생과 안전을 확보하도록 하였다.
- 와상 상태의 할머니와 아동이 함께 생활하는 주거환경을 개선해 건강 위험요인을 제거하였다.

2 **아동의 학습·사회성 발달 지원**

- 느린학습자지원사업을 연계하여 인지학습 향상 및 사회성 기술 습득 기회를 제공하였다.
- 학교 적응력 강화를 위한 맞춤형 프로그램에 참여하도록 하였다.

3 **가족기능 회복 및 돌봄 부담 경감**

- 가족문화 체험의 기회를 통해 민흥이가 돌봄의 부담에서 벗어나 오롯이 아동으로서의 시간을 가질 수 있도록 하였다.
- 부모와의 긍정적 관계 형성을 지원하고 양육 스트레스를 완화하였다.
- 지역 네트워크(학교-지역아동센터-가족센터 등) 협력을 통해 지속적으로 사례관리를 지원하였다.

개념 및 이론 TIP

1 **당사자 중심의 사례회의(Client-Participatory Case Conference)**

- **개념** : 당사자 중심의 사례회의는 클라이언트를 단순한 지원의 대상으로 보지 않고, 문제해결의 주체로 참여시키는 협력적 의사결정 과정이다.

회의에서는 클라이언트의 욕구와 강점을 중심에 두고, 그를 둘러싼 가족·학교·지역사회 등 다양한 환경 요인을 함께 고려하여 실질적 지원 방안을 모색한다. 이를 위해 여러 분야의 전문가와 기관이 함께 참여해 정보와 자원을 공유하며, 클라이언트가 자신의 삶에 영향을 미치는 결정 과정에 직접 참여하도록 돕는다. 이러한 과정은 클라이언트의 회복과 발달을 촉진하는 통합적 지원 체계로 기능한다(이미선 외, 2021; 이원주, 2020; 장덕희 외, 2024).

- **사례 적용** : 기관 간 논의만으로는 문제해결이 어렵다고 판단하여, 당사자의 참여와 의견을 반영하기 위한 당사자 중심의 사례회의를 진행하였다. 각 기관의 협조 속에서 민흥이 부모가 회의에 참여하였으며, 이를 통해 당사자의 욕구를 다각도로 파악하고 맞춤형 개입 방안을 수립하였다.

2 아동의 주거권과 발달

- **개념** : 주거권은 모든 인간의 기본권이지만, 발달단계에 있는 아동에게는 더욱 중요하다. 아동기는 성장과 발달이 빠르게 이루어지는 시기로, 부적절한 주거환경은 신체적·정서적·인지적 발달을 저해하고 장기적으로 불리한 삶의 조건을 고착시킬 수 있다. 따라서 아동의 건강한 발달을 위해서는 안정적인 주거와 경제적 기반이 필수적이며, 의식주와 같은 기본적 욕구의 충족은 아동의 전인적 성장을 보장하는 출발점이 된다(임세희 외, 2020; 정익중 외, 2021).
- **사례 적용** : 담임교사, 특수교사, 교육복지사, 가족센터 사회복지사, 지역아동센터장, NGO 관계자 등이 함께 참여하여 사례회의를 진행하였다. 각 기관은 자신이 속한 영역에서 확보한 정보를 공유하고, 역할을 분담하여 중복 개입을 방지하고 자원의 효율성을 높였다. 이를 통해 가정의 복합적인 욕구를 다각도로 파악하고, 맞춤형 개입 방안을 수립하였다.

동료 슈퍼비전

1. 지역관할 종합사회복지관에 의뢰하여 공동사례관리하는 방법 모색이 필요해 보인다.
2. 해당 가정의 특성에 따라 단기적인 개입보다는 장기적으로 개입계획을 세워 지원할 필요가 있을 것으로 보인다.
3. 당사자 참여의 사례회의가 인상적이었다. 학교를 중심으로 지역사회기관과 가정이 함께 해결방법을 모색하고 협력하는 과정이 당사자중심의 사례관리라고 생각된다.

좀 더 알아보기

1. 경제적 기준에 부합하지 않아 제도권 지원에서 제외되거나, 사회·정서적 자본이 부족한 가정에 대한 조기 발견과 맞춤형 지원 방안에 대하여 생각해 봅시다.
2. 언어장벽으로 인해 필요한 지원을 제때 인지하고 신청하지 못하는 가정을 위해 지속가능한 사례관리 모델과 맞춤형 부모교육, 정보제공 방식을 어떻게 마련할지 생각해 봅시다.
3. 형제자매 돌봄을 장기간 담당하는 아동의 학습·정서발달에 미치는 부정적 영향을 줄이기 위해 지역사회 돌봄 자원과 학교지원 프로그램을 어떻게 개발·연계할지 생각해 봅시다.
4. 초기 개입 이후에도 기관 간 정보 공유와 공동 개입을 유지하기 위해 실효성 있는 협력 프로토콜과 운영 구조를 어떻게 마련할지 생각해 봅시다.

참고문헌

이미선·강우진·권향임·오영림(2020). **사회복지실천기술론**(p. 255). 서울 : 신정.

이원주(2020). **최신지역사회복지론**(pp. 89-90; pp. 149-153). 경기 : 공동체.

임세희·이창숙(2020). 주거 개선이 아동주거빈곤가구에 미치는 영향. **사회복지연구, 51**(4), 5-37.

장덕희·김정순·김소희·김정기·김혜수·성준엽·엄혜련(2024). **현장기반 사례관리**(pp. 43-46; pp. 62-28). 경기 : 공동체.

정익중·오정수(2021). **아동복지론**(pp. 125-126). 서울 : 학지사.

3

오늘도 너희는 한 뼘 더 성장했구나

가족해체로 인한 방임아동의 일상생활 지원 사례

위기학생 발견

매일 아침 전교생이 들어서는 1층 현관은 나의 아침이 시작되는 곳이다. 짧은 시간이지만, 많은 이야기와 서로의 안부가 오고 가는 정다운 등굣길 현관. 몇 해 전 그곳에서 만난 철용이에 대한 이야기를 시작해 보려 한다.

코로나19 시기를 겪으며 예전처럼 학생들과 만나 이야기를 나누지 못하는 낯선 날들을 경험하면서 나는 무언가 가슴 한편이 갑갑하고 목이 마른 것 같은 갈증을 느꼈다. '그래, 앉아서 학생들이 교육복지실에 오기만을 기다리지 말고 그들 곁으로 좀 더 다가가 보자.' 그래서 생각한 것이 바로 등굣길 '아침맞이'였다.

처음에는 현관 앞에 멀뚱히 서 있는 것이 좀 쑥스럽기도 하고 지나가는 교직원이나 학부모들과 마주칠 때면 멋쩍기도 했지만 그것도 잠시, 며칠이 지나니 마음에 여유가 생기고 학생들 모습 하나하나가 눈에 들어오기 시작했다.

지각을 밥 먹듯이 하거나 계절에 맞지 않는 옷을 입은 학생, 머리에 까치집을 얹고 오거나 제때 감지 않아 일명 떡진 헤어스타일로 등교하는 모습들. 헤진 운동화와 작아진 실내화를 꺾어 신고는 스마트폰에 빨려 들어갈 듯 코를 들이박고 걸어오는 발걸음과 늘 심드렁한 표정과 무반응으로 한쪽 벽으로만 조용히 지나다니는 학생까지…. 나(교육복지사)의 관심을 필요로 하는 학생들이 정말 많았다. 특히 씻지 않은 학생이 지나간 자리에 남아있는 특유의 냄새를 마주하는 날이면 학생들의 헝클어진 머리만큼이나 나의 마음도 복잡해지곤 했다. 학생들의 그런 모습은 너무 안쓰러웠고, 그냥 지나쳐버리기에는 너무나 확실한 위험신호였다.

일상생활 기술증진을 위한 사회적 자원 탐색

어떻게 하면 학생들에게 자기 자신을 돌보는 방법과 씻은 후의 개운함을 느끼게 해줄 수 있을까?

분명 좋은 향기와 정갈한 옷차림은 누구나 좋아할 텐데….

그 순간 떠오르는 생각은 단 하나였다.

'학생들에게 자기 자신을 돌보고 살피는 힘을 길러주자!'

때마침 이러한 고민이 나 혼자만의 것이 아니라는 걸 알게 해주는 반가운 프로젝트를 찾게 되었다. 전국에 있는 수많은 교육복지사가 코로나19 이후의 학생들의 일상을 걱정하였고, 이러한 마음이 한데 모아져 한국학교사회복지사협회에서 일상생활 기술증진 프로젝트[3] '혼자서도 잘해요. 같이하면 더 잘해요!'(이하 혼.잘.같.잘.)를 개발한 것이다. 이름도 재미난 혼.잘.같.잘.은 학생 스스로가 자신의 일상을 돌아보고 챙기며, 생활에 필요한 기술들을 익혀나가는 활동이다.

참여 학생 선정 및 교내 지원체계 마련

학생들을 돕고 싶은 마음에 서둘러 사업학교 선정을 위한 신청서를 준비하면서 매일 아침 마주했던 얼굴들을 떠올렸다. 일상생활이 안정되지 않은 학생들 주변에는 그들을 제대로 돌보아줄 어른이 부족했다.

오랜 기간의 사회보장체계에 물들어 아무것도 하지 않으려는 무책임한 부모, 코로나19로 경제가 어려워져 직장을 잃고 삶의 의욕조차 사라진 아버지, 우울증이 심해 아이를 돌보는 것에

3 한국학교사회복지사협회에서는 사회복지공동모금회 사회백신 프로젝트의 일환으로 "혼자서도 잘해요. 같이하면 더 잘해요!" 프로젝트를 진행하였다. 이 프로젝트는 코로나19 이후에도 학생들이 일상생활을 매개로 하여 기본적인 일상생활을 회복하고, 학교사회복지사와 또래의 지지 속에서 자기 내면의 힘을 발견하여 스스로 삶의 주체로 나아갈 수 있도록 돕고자 시작되었다(한국학교사회복지사협회 누리집 내 사회백신 프로젝트 기획의도 참조).

한계를 느끼거나, 자녀보다는 자신의 삶이 더 중요한 어머니….

이러한 부모들은 안정적인 보호자로서의 역할을 하기에는 마음의 여유가 없는 상황이라 더욱 안타까웠다.

우리 학교가 혼.잘.같.잘. 사업학교로 지정되었다는 소식을 듣고 곧바로 관련 교사들과 회의를 하여 각 학급에서 지원이 필요한 학생들을 찾기 시작했다. 그리고 아침맞이를 하며 마음에 담아두었던 몇몇 학생들에게 재미있는 활동이 있으니 함께하자는 권유도 하였다. 아침맞이 때 나누었던 잠깐의 인사와 하이파이브, 안부들이 어느새 눈처럼 쌓였는지 혼.잘.같.잘.의 참여를 권유하였을 때 내 마음에 담아두었던 학생들이 모두 참여하겠다고 한 것은 지금 생각해도 고마운 일이다.

그렇게 우리는 일상생활기술증진 프로젝트 '혼.잘.같.잘.' 동아리를 만들었다.

혼.잘.같.잘. 프로그램에는 학생들이 서로 친해질 수 있는 아이스브레이킹, 개인의 욕구 및 상황을 반영한 개별화된 목표와 실천방법, 그 안에서 학부모와 교사의 협력, 지역사회의 자원연계를 진행하는 과정과 의·식·주·건강·위생 관련의 실생활에 적용할 수 있는 구체적인 방법이 상세하게 설명되어 있었다.

담임교사와의 협력 및 가정방문을 통한 양육 환경 파악

혼.잘.갈.잘.에 참여했던 많은 학생들이 떠오르지만, 그중에서도 초등학교 4학년인 철용이와의 만남이 제일 기억에 남는다. 철용이는 학교를 종종 결석하였는데, 어머니와는 연락이 닿지 않을 때가 있어 담임교사와 나는 늘 노심초사하며 철용이를 지켜보아 왔다.

어느 날 학교를 올 시간이 지났는데도 철용이가 등교를 하지 않아 나와 담임교사는 걱정되는 마음에 서둘러 가정방문을 실시했다.

몇 차례 초인종을 누르고 문을 두드리니 부스럭거리는 소리와 함께 철용이가 빼꼼히 현관문 밖을 내다보았다. 어머니가 집에 계신지 묻자 "엄마는 새벽에 일 나가셨고, 집에는 저 혼자 있어요."라고 답하였다. 나와 담임교사는 철용이에게 동의를 구하고 집 안으로 들어섰다. 낮시간에도 불구하고 집 안은 형광등 불빛이 필요할 정도로 어두웠고 따스한 온기가 느껴지지 않았다. 먹다 남은 과자봉지가 이곳저곳에 펼쳐져 있었고, 세간살이들이 제각기 나열되어 있었다. 아침을 먹었는지 묻자, 먹다 남은 쌀과자 봉지를 가리키며 어깨를 으쓱하는 철용이. 멋쩍어하는 표정이 안쓰러웠지만 그 마음을 숨기고는 미소 띤 얼굴로 우리는 이야기를 시작했다. 여러 날 학교를 오지 않아 안부가 궁금했고, 학교를 자주 결석하는 이유와 그럴 때면 어떤 마음이 드는지 알고 싶다는 이야기를 나누며 상황을 살폈다.

어머니는 새벽 일찍 공장에 출근하여 늦은 밤 잔업까지 마친 후에야 퇴근하는 고단한 삶을 살고 있었고 자녀가 일어나기도 전에 출근을 하는 상황이라 철용이는 늘 혼자 일어나 등교준비를 해야 했다. 더욱이 일상생활을 돌봐주는 다른 가족이 없었기 때문에 늦은 밤까지 스마트폰 게임을 하다 잠이 들고, 등교시간이 훌쩍 넘은 뒤에야 일어나는 생활이 반복되고 있었다. '혼.잘.갈.잘.이 필요한 아이가 바로 너로구나'라는 생각이 들었고, 그렇게 철용이와 다른 몇몇 학생들과 함께 프로그램을 시작하게 되었다.

약속시간을 지키는 게 익숙하지 않아 종종 프로그램을 잊어버리고 집으로 가는 철용이를 기다렸다가 데려오기를 수차례. 어느덧 프로그램이 익숙해졌는지 혼.잘.갈.잘. 시간을 잊지 않고 잘 참여하였다. 얼룩덜룩한 티셔츠, 눈을 찌르는 덥수룩한 앞머리, 살이 베일 정도로 길고 날카로운 손톱을 안전하게 다듬는 방법을 알려주니 어느새 철용이도 자기 자신의 모습을 찬찬히 들여다보기 시작하였다. 나는 이를 기회 삼아 스스로 할 수 있는 아주 간단한 과제를 통해 작은 성공의 경험을 느끼게 해주고 싶었다.

이와 관련한 재미있는 에피소드가 떠오른다.

건강과 위생에 대해 교육하며 내준 과제는 '주말에 손톱 깎고 등교하기'였는데, 월요일날 급식실에서 만난 철용이는 나와 눈이 마주치자 열 손가락을 살포시 내밀며 씨익 웃었다. 비록 삐뚤빼뚤 서툰 솜씨였지만, 짧게 깎은 손톱은 정갈해 보였다. 학생과 나만 아는 과제검사가 이루어진 셈이다. 그 뒤로도 철용이와 친구들은 혼.잘.같.잘.에 참여하며 간단한 요리 만들기, 스스로의 건강 살펴보기, 내 방 정리정돈하기 등 삶에 필요한 다양한 일상생활의 기술을 함께 배우며 8개월 동안 프로그램에 참여하였다. 아직 미숙한 점도 있었지만, 철용이가 자신의 삶을 들여다보고 관심을 기울일 수 있게 된 점은 큰 수확이라고 생각한다.

이 밖에도 철용이에게는 심리·정서적인 안정을 위해 필요한 부분들이 많아 사례관리를 시작하였다. 그러나 학교만의 힘으로는 부족하여 지역의 여러 기관들과 연계하여 철용이와 어머니의 어려움을 도왔다. 대표적으로는 지역아동센터, 종합사회복지관, 드림스타트, 가족센터 등이 학교와 함께 힘을 모았다. 각 기관의 담당자들은 철용이와 가정에 대해 논의하며 기관마다 잘할 수 있는 역할을 찾아 수행하였고, 학교의 교육복지실은 지역의 여러 기관들을 한데 모아 통합사례회의를 주관하고 조율하는 역할을 담당하였다.

철용이는 집과 가장 가까운 지역아동센터를 다니게 되었는데, 어머니가 늦게 퇴근하는 날에는 지역아동센터에서 저녁식사를 하고 돌봄을 받으며 안전하게 지낼 수 있었다. 또한 드림스타트는 가정방문, 예체능 교육, 부식 및 영양제 등을 지원해주었다.

철용이의 집은 정리정돈이 필요해 보였다. 환경이 밝게 바뀌면 마음도 긍정적으로 변화될 거라는 생각에 어머니와 상의 후 종합사회복지관의 정리수납 서비스를 의뢰하였다. 정리수납 자원봉사자들의 도움으로 어지럽혀진 집을 정돈하고 어머니에게 가정관리에 대한 방법을 안내하며 건강한 환경에서 철용이와 어머니가 지낼 수 있도록 환경을 바꾸어 나갔다. 또한 철용이와 어머니는 가족 프로그램을 통해 좋은 추억을 남기는 시간을 갖기도 했다.

철용이의 어머니는 경제적 어려움에서 오는 압박과 삶에 대한 불안으로 힘들어했으며, 누구에게라도 자신이 살아온 이야기를 털어놓고 싶다고 호소하였다. 이에 가족센터는 부모상담을 통해 무너진 마음이 회복될 수 있도록 어머니의 마음 상태를 살피는 역할을 담당하였다.

이러한 노력들이 한데 모여 차츰 철용이의 학교생활도 안정되어 갔고 어머니도 삶에 의욕을 보였다.

철용이의 결석이 눈에 띄게 줄어들었고, 가끔 늦잠으로 지각을 하는 날에는 교문에서부터 뛰어오는 적극적인 모습을 보이기도 했다. 이에 여러 선생님들은 흐뭇한 눈으로 철용를 바라보며 진심을 담은 응원과 격려를 아끼지 않았다.

철용이의 학교생활과 일상이 아직은 안정적이라고 할 수는 없지만, 많은 기관들과 이웃들이 한마음으로 철용이와 어머니를 응원한다면 더 큰 변화를 보이리라 기대한다.

어느새 성큼 다가온 우리 모두의 성장

혼.잘.같.잘.을 통해 아이들은 단지 일상의 '기술'만을 익힌 것이 아니라 자신을 돌볼 수 있는 존재로, 스스로 결정하고 책임질 수 있는 사람으로 성장해 갔다.

"양말 매일 신어요. 아빠에게도 양말을 잘 신으시라고 말했어요."

"마트 가면 유통기한부터 확인해요."

"약국에서 어디가 아프다고 말할 수 있어요."

"다음에는 제가 후배들 도와줄래요."

이러한 학생들의 말은 “선생님, 저 이만큼 성장했어요. 함께 해 주셔서 고맙습니다.”라며 나에게 건네는 인사처럼 느껴졌다.

학생들뿐 아니라 나 또한 함께 자랐다. 교육복지사인 나는 더 이상 단순히 프로그램의 진행자가 아닌 ‘함께 살아가는 어른’으로 그들 옆에 서 있었다.

성장의 속도를 눈으로 볼 수는 없다. 그러나 우리는 알고 있다. 학생들의 삶을 궁금해하고 응원하며 스스로의 삶을 바로 세울 수 있도록 북돋워 주는 어른들의 손길이 있다면 어느 순간 모든 학생들은 스스로 훌쩍 성장해 있다는 것을.

✩ 개입의 초점

1 가족해체로 인한 결손가정 아동의 방임에 대한 개입

부모의 이혼으로 인한 가족해체는 부모뿐 아니라 자녀의 학교생활에도 영향을 미치는 경우가 많다. 이 사례는 어머니가 혼자 자녀를 양육하며 생긴 돌봄 공백으로 자녀가 결석과 지각을 반복하고 위생 등 일상생활에 어려움을 겪어 개입하게 된 경우이다. 모든 이혼가정 자녀가 이러한 어려움을 겪는다고 일반화하는 것은 적절하지 않다. 그러나 교육복지사는 위기상황에 놓인 학생을 발견하고, 그들이 일상생활과 학교생활을 건강하고 안정적으로 이어갈 수 있도록 관심을 기울여야 한다.

2 도움이 필요한 학생을 발견하는 방법 다양화하기

학교 현장에서 도움이 필요한 학생을 발견하는 방법은 교사로부터 의뢰를 받거나 교육행정정보시스템(NEIS)을 통해 저소득 가정 학생을 확인하는 것이 대표적이다. 그러나 이러한 방법에만 의지한다면 사각지대에 놓인 학생들을 미처 발견하지 못할 가능성이 있다. 그렇기 때문에 교육복지사들은 공식적인 방법 이외에도 비공식적인 방법을 통해 학생 발견을 위해 끊임없이 노력해야 한다. 본 사례와 같이 아침맞이를 통해 학생을 발견하고 점심시간에 교육복지실을 쉼터로 개방하여 학생 간 역동을 확인하며 또래 관계를 살펴보거나 행정실의 협조를 통해 자부담으로 내야 하는 교육활동비를 미납하는 학생이 있는지 확인하는 방법이 그러한 것들이다.

3 학생에 대한 맞춤형 지원 실시

분절적으로 이루어지던 학교 내 다양한 자원들을 학생을 중심으로 하여 통합적인 지원을 이루게 하는 것을 '학생맞춤통합지원'이라고 한다. 이에 조정과 연계의 전문가인 교육복지사는 학생의 욕구와 상황, 가정의 환경을 면밀히 파악하여 학생들의 건강한 성장을 위한 다양한 자원을 효율적으로 활용해야 한다. 본 사례 또한 교육복지사 이외에도 담임교사와 지역의 유관기관들이 학생의 안정적인 양육환경 조성과 성장을 위해 통합지원을 하였다.

개념 및 이론 TIP

1 역량 개발

- **개념** : 신체 건강 역량은 신체적 변화가 급격하게 이루어지는 청소년기에 청소년 스스로가 적절한 영양을 섭취하고, 활동을 통해 신체 발달에 필요한 요소를 고루 습득하는 능력을 말한다(권일남 외, 2014).

  학교사회복지사는 아동이 어떠한 상황에서라도 자신의 역량을 개발할 수 있도록 다양한 방법으로 지원하는 전문직이다. 교사와 달리 학교사회복지사는 기본생활습관 및 자기관리 기술, 사회성 기술, 진로 탐색의 측면에서 역량의 발견 및 개발을 중심으로 서비스를 연계하고 프로그램을 개발하여 아동에게 제공한다(사회복지공동모금회·한국학교사회복지사협회, 2023).
- **사례 적용**: 학생의 성장 및 발달을 위한 교육은 교과 학습 이외에도 다양한 측면에서 개입되어야 한다. 특히 경제적인 어려움을 겪거나 양육환경이 불안정할수록 학생 스스로 자신을 돌보는 능력을 기르기 위한 사회적 개입이 요구된다. 이에 교육복지사는 일상생활기술증진 교육이 필요한

학생들을 다각적인 방법(아침맞이, 점심시간 쉼터, 교사면담 등)으로 찾아 의·식·주·건강·위생 교육을 장기적으로 진행하였다.

2 회복탄력성(Resilience)

- **개념** : 회복탄력성은 스트레스, 역경, 실패, 어려움, 심지어 트라우마로부터 회복할 수 있는 능력을 말한다(https://www.psycom.net/build-resilience-children, 사회복지공동모금회·한국학교사회복지사협회, 2023 재인용). 코로나19로 인해 저소득 취약계층의 삶이 위기에 몰리는 상황에서, 아동이 작지만 성취 가능한 경험과 중요한 타자들로부터 관심과 지지를 얻는 기회는 회복탄력성의 형성에 유효할 것이다(사회복지공동모금회·한국학교사회복지사협회, 2023).
- **사례 적용** : 학생들이 긍정적으로 자기를 인식하고 도전에 대한 두려움의 허들을 낮추기 위해서는 자기효능감을 높여주는 사회복지실천이 중요하다. 자기효능감은 내가 무엇을 하였을 때 잘해낼 수 있을 것이라는 기대에서 출발한다. 이러한 기대는 결국 지속적인 작은 성공의 경험을 통해 형성할 수 있는데, 본 사례의 혼.잘.같.잘. 프로그램에서는 일상생활 속에서 도전할 수 있는 작은 경험들로 내 책상 서랍 정리하기, 간단한 요리 만들기, 혼자서 손톱 깎기, 머리 감기, 양말 손빨래하기 등을 교육하였다.

3 학생맞춤통합지원

- **개념** : 학생의 학습 참여를 어렵게 하는 기초학력 부족, 경제적·심리적·정서적 어려움, 학교폭력, 경계선지능, 아동학대 등 다양한 문제를 통합적으로 해소하고 학생의 전인적 성장과 교육받을 권리 향상을 위하여 이루어지는 지원이다(교육부·한국교육개발원, 2025).

- **사례 적용** : 본 사례에서는 학생과 가정의 어려움을 돕기 위해 학생을 중심으로 경제적 문제, 돌봄의 부재, 보호자의 정신건강 문제, 아동의 생활 습관, 양육환경(집) 등을 종합적으로 살피고, 이러한 복합적이고 장기적인 문제에 대해 교내 자원과 지역사회 기관들 간의 협력을 통해 통합적인 지원을 실시하였다.

☆ 동료 슈퍼비전

1. 무기력함으로 자녀 양육에 어려움을 보이는 학부모 및 가정에 대한 사례관리 시 개입의 수준과 범위를 설정해야 한다.
2. 장기적이고 만성적인 어려움을 겪는 가정의 사례에 대해서는 개입부터 종결까지 전 과정의 구조화가 필요하며 정기적인 모니터링이 매우 중요하므로 유관기관들과의 유기적인 관계를 유지하며 학생과 가정을 다각적으로 돕는 실천이 중요하겠다.
3. 학생의 욕구를 파악하고 문제를 직면하여 직접개입 계획을 세워 실천하는 것이 인상적인데, 이는 학생맞춤통합지원의 원 취지에 부합하는 활동이라고 생각한다. 본 사례와 같은 프로그램을 학교 현장에서 진행할 때는 학생들이 낙인감을 갖지 않도록 선발부터 실천과 종결단계까지 전 과정에서 학생들에 대한 세심한 배려가 요구된다.

☆ 좀 더 알아보기

1. 가족해체로 인한 돌봄가족 부족 시 자녀 양육에 도움을 받을 수 있는 사회적 자원에 대해 알아봅시다.

2 학교사회복지 지원이 필요한 학생들을 발견하는 공식·비공식적 방법에 대해 알아봅시다.

3 위생교육 등 민감한 주제의 교육활동에서 학생들이 낙인감을 느끼지 않도록 지도하는 방법에 대해 알아봅시다.

4 효과적인 사례관리를 위해 학교 내 지원 체계와 지역사회기관 간의 협력체계 구축 방안에 대해 알아봅시다.

참고문헌

권일남·마상욱·김세광(2014). **청소년을 위한 멘토링 이해와 실제**(p. 65). 서울 : 학지사.

사회복지공동모금회·한국학교사회복지사협회(2023). 일상생활 프로젝트 혼자서도 잘해요 같이하면 더 잘해요(pp. 9-10). 한국학교사회복지사협회.

교육부·한국교육개발원(2025). 학생맞춤통합지원 체계 구축 가이드북(p. 7). 한국교육개발원.

4

찬수야, 아빠 모시고 가라

알코올중독 가족 학생에 대한 지원 사례

문제 상황 인지

긴 겨울방학이 끝나고 새 학기가 시작되던 어느 날, 교육복지실 문이 조심스럽게 열렸다. 2학년 1반 담임교사가 무거운 표정으로 말을 시작하였다.

"선생님, 찬수가 학교에 나오지 않고 있어요. 벌써 3일째 결석이에요."

나는 곧바로 학생 명단을 확인했다. 찬수는 수급자 가정의 학생으로, 손위 남매가 있다는 기록이 있었다. 평소 교육복지실에 자주 드나드는 학생은 아니었지만, 지난 학기에 보드게임 활동에서 몇 번 만난 기억이 있었다. 담임교사는 조심스럽게 말을 이어갔다.

"최근에 동네 아이들이 찬수를 '노숙자 아들'이라고 놀리더라고요. 며칠 전에도 경찰서에서 전화가 와서 찬수가 조퇴를 했는데, 그때부터 얼굴을 못 본 것 같아요. 집안 문제가 심각해 보입니다."

나는 짧게 숨을 고르며 물었다.

"요근래 찬수의 학교생활은 어땠나요?"

"항상 피곤해 보여요. 수업 중에도 자주 엎드려 자고, 선생님들로부터 태도가 불량하다는 지적도 많습니다. 그리고 친구들과는 잘 어울리지만, 가끔 욱해서 물건을 던지는 등 통제가 어렵습니다."

나는 찬수가 '눈 돈 헐크'라는 별명을 갖고 있다는 이야기를 다른 학생들을 통해 들은 적이 있었다. 순간적인 분노 폭발이 두려움의 대상이 되어, 친구들 사이에서는 '찬수는 앞으로 건드리지 말자'라는 암묵적인 약속 같은 게 생겨날 정도였다.

가정방문과 첫 만남

어느 날, 찬수네 가정환경을 파악하기 위해 가정방문을 했다. 반지하 집은 좁고 어두웠으며, 창문 틈새로는 곰팡이 냄새가 새어 나왔다. 문을 열자 술 냄새가 먼저 코를 찔렀다. 거실 겸 주방에는 오래된 가구와 쌓인 빨래, 흩어진 쓰레기들이 가득했다.

엄마는 낮시간인데도, 소주를 마시고 있었다. 술에 취한 목소리로 "찬수는 아까 아빠랑 싸웠는데, PC방에 갔을 거예요."라고 말했다. 이미 술이 많이 취한 상태라 대화를 계속하기는 어려웠다. 방 한쪽에는 찬수가 만든 프라모델이 부서진 채 널려 있었고, 바닥에는 과자 부스러기가 가득했다. '이곳에서 아이가 어떤 마음으로 지낼까' 하는 생각에 마음이 무거워졌다.

나는 곧장 집 근처 PC방으로 발걸음을 옮겼다. 라면 냄새가 진동하는 좁은 공간 안, 제일 앞자리에 앉아 게임을 하던 찬수가 나를 보자 눈이 휘둥그레졌다.

"샘, 여기 웬일이에요?!"

"나도 게임 좀 배우러 왔지."

우린 한 시간쯤 게임을 하며 어색함을 풀었다. 이후 근처 분식집에서 라볶이와 김밥을 먹으며 본격적으로 대화를 시작했다.

부모의 알코올중독으로 인한 불안한 가정환경

찬수는 천천히 입을 열었다.

"학교에 있으면 마음이 불안해요. 아빠, 엄마가 술 마시고 싸우면 칼을 들고 싸우기도 해요. 어젯밤에도 아빠가 칼을 휘둘러서 제가 아빠를 때렸어요. 아빠를 때리고 나니, 제가 나쁜 사람이 된 것 같아요."

찬수의 목소리에는 깊은 자책이 묻어 있었다. 나는 차분히 물었다.

"찬수야, 네가 얼마나 힘든 상황을 감당해 왔는지 샘이 조금은 알 것 같아. 그렇게 힘든 게 언제부터였어?"

"초등학교 때부터였는데, 작년부터 더 심해졌어요. 형이랑 누나는 집을 나가서, 이제는 저 혼자예요."

형과 누나는 아빠의 술주정과 폭력을 견디지 못해 집을 떠났다고 했다. 형은 친구 집에서 머물다 여의치 않으면 공중화장실에서 자곤 했고, 누나는 아예 친구 집에 들어가 살고 있었다. 형과 누나가 집을 나간 후, 찬수는 아빠와 엄마 사이에서 싸움을 말리곤 했는데, 이런 일들이 어린 찬수에게는 너무 힘들고 무거운 짐이었다.

"밤마다 아빠가 우리를 못 자게 깨우고 술주정을 해요. 도망치고 싶지만, 집을 떠나면 엄마가 죽을까 봐 무서워요."

반복되는 위기와 아동의 책임

찬수는 종종 경찰서에서 "아빠 모시고 가라"는 전화를 받았다.

"누나랑 형이 제 번호를 넘겨서 이제는 제가 보호자래요. 경찰서에서도 아빠 일은 제가 나서야 한다고 해요. 그런데 전 중학생이에요. 아빠 보호자가 될 수 없잖아요."

찬수의 말에는 억울함과 혼란이 동시에 묻어있었다. 법적으로 미성년자가 보호자가 될 수 없음에도, 현실은 그렇지 않았다. 나는 마음속으로 '부모의 책임이 찬수에게 전가되고 있다'는 생각이 들었다.

지역사회 개입과 변화의 시작

다음날, 엄마와 술에 취하지 않은 상태에서 다시 이야기를 나눴다. 엄마는 사실혼 관계의 남편 때문에 고통받고 있다고 털어놓았다. 행정복지센터 담당자 역시 두 분 모두 알코올 의존이 심각하다고 말했다.

지역사회기관이 참여한 사례회의 결과 아빠를 알코올중독관리센터에 입원시키기로 결정했다. 그러나 찬수는 울며 말했다.

"아빠가 밉지만, 불쌍해요. 제가 아빠를 가두는 거잖아요."

나는 조용히 설명했다.

"찬수야, 아빠를 가두는 게 아니라, 치료를 받을 수 있도록 하는 거야. 아빠 보고 싶을 때는 샘이랑 언제든 면회 가자."

그제야 찬수는 눈물이 맺힌 눈으로 고개를 끄덕였다.

새로운 일상과 희망

아빠가 입원한 후 2주에 한 번씩 면회가 이루어졌다. 찬수는 아빠가 좋아하는 파전을 사갔지만 음식 반입이 안 되어 다시 가져오기도 했다. 그러나 센터에서 술을 마시지 않은 아빠를 보며 찬수는 아빠 품에 안겨 엉엉 울었다.

"아빠, 내가 그동안 아빠 말린다고 때려서 미안해요. 제발 술 끊고 돌아와요."

아빠는 말없이 찬수의 머리를 쓰다듬으며 눈물을 훔쳤다.

그 후 엄마는 통원 치료를 시작했고, 형은 주말마다 찬수와 축구를 하기로 약속했다. 찬수의 학교생활에서도 많은 변화가 나타났다. 찬수는 더 이상 늦잠으로 지각하지 않았고, 수업 중에도 깨어 있는 시간이 늘어났다.

프라모델 동아리에 참여해 직접 만든 작품을 전시하며 자신감을 얻었고, 내년에는 베이킹 동아리에 들어가 "아빠한테 내가 만든 빵을 먹여 드리고 싶다."고 말했다.

한때 "내 인생은 망했어요."라고 말하던 찬수는 이제 미래를 꿈꾸며 조금씩 회복해 가고 있다.

✩ 개입의 초점

1 안전 확보와 위기 개입

본 사례의 초기 개입은 학생의 생명과 신체 안전을 최우선으로 확보하는 데 초점을 두었다. 가정 내 반복적 폭력 상황을 면밀히 파악하고, 즉각적인 위험 해소를 위해 긴급 개입을 실시하였다. 특히 아빠의 알코올중독 문제를 전문 치료기관에 연계하여 치료를 개시하였으며, 가족 분리를 통해 학생이 안전한 환경에서 생활할 수 있도록 조치하였다.

2 정서적 지지와 신뢰 관계 형성

효과적인 개입을 위해 PC방 방문, 식사 등과 같은 비공식적 접촉을 활용하여 학생과 친밀감과 라포를 형성하였다. 이를 통해 학생이 자신의 경험과 감정을 개방적으로 표현할 수 있는 심리적 안정 기반을 마련하였다. 학생의 진술에 대해 경청과 감정적 지지를 제공함으로써, 개입 과정 전반에서 학생의 참여 의지를 증진시켰다.

3 지역사회 자원 연계

학생 보호와 발달 지원을 위해 행정복지센터 맞춤형복지팀, 아동보호전문기관, 알코올중독관리센터 등 여러 기관들이 협력 체계를 구축하였다. 또한 지역아동센터를 통한 학습지원과 학교 내 동아리 활동을 연계하여 학생이 학업·여가·사회성 측면에서 균형 있게 성장할 수 있는 기회를 제공하였다.

4 가족기능 회복 지원

가족 회복력 강화를 위해 엄마의 건강 문제를 치료기관과 연계하여 통원

치료를 지원하였다. 형제 간 긍정적 상호작용과 유대감 회복을 위해 지속적인 관계 조정을 실시하였으며, 아빠와 면회를 조율하여 물리적 분리 상황 속에서도 가족관계의 단절을 최소화하였다.

5 학생의 자존감 및 성장 지원

학생의 자아존중감과 성장을 촉진하기 위해 프라모델, 베이킹 등과 같은 다양한 자기계발 활동에 참여할 수 있도록 지원하였다. 동시에 분노조절 상담과 기초학력 보충 프로그램을 연계하여 정서 조절 능력과 학업 성취도를 향상시켰다. 이러한 개입은 학생의 자존감 제고와 사회성 발달에 긍정적인 영향을 미쳤다.

✩ 개념 및 이론 TIP

1 알코올중독 가정 자녀의 심리·정서적 영향

- **개념** : 가족구성원 중 알코올 의존자가 있을 때, 가족 전체가 알코올을 중심으로 한 역기능적 체계로 조직화되면서 모든 구성원이 심리적·정서적·사회적으로 부정적인 영향을 받게 된다.
  특히 자녀들은 아동·청소년기에 분노, 불안, 우울, 낮은 자존감과 같은 감정적 문제를 경험하며, 왜곡된 방식으로 감정을 표현하는 경향을 보인다. 또한 타인에 대한 불신으로 대인관계에 어려움을 겪고, 반사회적 행동, 학업 부진, 일탈행동 등 사회생활에서도 문제를 나타낸다(권진숙 외, 2022). 이러한 정서적 어려움이 신체적·성적 학대의 위험에 노출되는 환경과 결합될 때, 자녀의 발달적 손상은 더욱 심각해진다.
- **사례 적용** : 찬수는 아빠의 만성적인 알코올 의존으로 인해 반복적인 불안과 분노를 경험하였으며, 가족 내에서 보호자 역할을 강제로 수행하는

상황에 놓였다. 이는 학생의 발달 과정과 정서 안정에 심각한 영향을 미쳤다.

2 부모화(Parentification)

- **개념** : 건강한 가족체계에서는 부모와 자녀 간의 명확한 세대 간 경계가 유지되어야 하나, 가족의 기능이 손상된 경우 이러한 경계가 침해되며 자녀가 부모의 역할과 책임을 떠맡게 되는 역할 전도가 발생한다. 특히 부모의 권한이 자녀에게 이양되는 경우 그 자녀는 '부모화된 자녀(parentified child)'가 되며, 자신의 나이 이상으로 책임감과 능력을 발휘하게 된다(정문자 외, 2018).
- **사례 적용** : 찬수는 아빠를 경찰서에서 데려오거나 엄마의 안전을 직접 확인하는 등 성인 보호자가 수행해야 할 역할을 대신하고 있었다. 이러한 부모화 경험은 학생의 자기 정체성 형성과 사회적 발달에 부정적인 영향을 미칠 수 있다.

3 아동학대 및 방임(Child Abuse & Neglect)

- **개념** : 아동학대를 『아동복지법』 제3조제7호에 근거하여 정의하고 있다. 이에 따르면 아동학대란 "보호자를 포함한 성인이 아동의 건강 또는 복지를 해치거나 정상적 발달을 저해할 수 있는 신체적·정신적·성적 폭력이나 가혹행위를 하는 것과 아동의 보호자가 아동을 유기하거나 방임하는 것"을 의미한다(공계순 외, 2019).
- **사례 적용** : 부모의 만성적인 음주와 반복된 가정폭력은 정서적 학대와 방임에 해당한다. 찬수는 이러한 환경 속에서 지속적인 불안과 수면 부족을 경험하였고, 이는 학업 수행에도 직접적인 악영향을 주었다. 이러한

학대·방임 상황은 장기적으로 학생의 정신건강과 사회적 적응에 심대한 손상을 초래할 수 있다.

4 위기개입이론(Crisis Intervention Theory)

- **개념** : 위기 개입은 "위기로 인한 불균형 상태를 회복하기 위하여 일정한 원조 수단을 개인, 가족, 집단, 그리고 지역사회 등에 적용하는 단기치료 과정"으로 정의된다. 개인이나 가족이 갑작스럽고 강도 높은 스트레스 상황에 직면했을 때, 단기적·즉각적으로 개입하여 심리적 균형을 회복하도록 돕는 접근법이다. 개입 절차는 위기상황 사정, 안전 확보, 감정 표현 지지, 현실적 대처 전략 수집, 장기적 지원 체계 연계로 이어진다(김기태 외, 2023).
- **사례 적용** : 경찰서와 행정복지센터의 협력, 알코올중독관리센터 입원 조치, 지역아동센터 학습 연계 등을 통해 위기상황을 신속히 완화하고, 장기적이고 지속가능한 지원으로 연결하였다.

동료 슈퍼비전

1 이 사례에서 교육복지사는 학생의 안전을 최우선으로 고려하며, 결석과 가정폭력 상황을 신속히 파악하고 즉각 개입하였다. 학생과의 비공식적 만남과 다양한 활동을 통해 정서적 지지를 제공하고 신뢰 관계를 형성하였으며, 알코올중독관리센터 등 지역사회 자원을 활용하여 아동 보호와 가족 회복을 지원하였다. 다만, 학생에게 과도한 책임이 전가되는 상황을 방지하기 위해 법적·행정적 역할을 명확히 하고, 전문 심리상담 연계 등 학생의 심리적 부담을 완화할 수 있는 장기적 지원 방안이 추가로 필요해 보인다.

좀 더 알아보기

1. 알코올중독 부모가 자녀에게 어떤 영향을 주는지 살펴봅시다.
2. 미성년자가 사실상 보호자 역할을 맡게 되는 현실과 법적·제도적 보호체계에 대하여 살펴봅시다.
3. 가족돌봄청소년이 성장하면서 겪을 수 있는 정서적·사회적 어려움에 대하여 알아봅시다.
4. 위기 아동의 회복탄력성을 높이기 위해 사회복지사가 할 수 있는 개입 전략에 대하여 알아봅시다.

참고문헌

공계순·박현선·오승환·이상균·이현주(2012). **아동복지론**(pp. 220-249). 서울 : 학지사.

권진숙·김정진·전석균·성준모(2022). **정신건강사회복지론**(pp. 327-332). 경기 : 공동체.

김기태·김건(2023). **위기이론과 위기개입**(pp. 13-64). 경기 : 공동체.

김혜영·석말순·홍나미·신인순(2018). **사회복지실천기술론**(pp. 119-130). 경기 : 공동체.

이상균(2003). 알코올중독자 가정 자녀의 역할 유형과 심리사회적 문제. **한국아동복지학**, 16, 195-224.

정문자·정혜정·이선혜·전영주(2018). **가족치료의 이해**(제6장 구조적 가족치료). 서울 : 학지사.

Chapter

03

부모의 양육 공백과 자립 역량 강화

1. 너의 119가 되어줄게…
   부모와의 소통이 어려운 가정의 학생 맞춤형 지원 사례

2. 너의 계절을 함께 걸어가 보자
   무관심한 부모로 인한 방임아동 지원 사례

3. 사람은 무엇으로 사는가
   가족과 분리되어 시설에 입소한 학생 지원 사례

1

너의 119가 되어줄게…

부모와의 소통이 어려운 가정의 학생 맞춤형 지원 사례

첫 관찰 : 잠재적 지원 대상 발견

육아휴직을 마치고 돌아간 학교의 분위기는 한층 삭막해져 있었다. 코로나19 종식기를 지나고 있었지만 학생들과 교직원 모두 여전히 마스크를 착용하고 있었고, 대부분의 아이들은 무표정하거나 사람들을 경계하는 듯한 모습이었다.

그 무표정한 아이들 틈에서 유독 눈에 띄는 한 학생이 있었다. 회색으로 변색된 마스크를 쓴 채, 꽃샘추위가 남아있는 3월 초의 쌀쌀한 날씨에도 발목이 드러나는 짧은 바지와 얇은 점퍼를 입고 바닥만 응시하며 걷는 학생 시우였다. 우연히 복도에서 마주친 나는 먼저 인사를 건넸지만, 시우는 낯선 사람을 경계하듯 아무 말 없이 교실로 도망치듯 들어가 버렸다.

위기 요인 및 지원 필요성 확인

시우의 상황을 파악하기 위해 담임교사와 면담을 진행했다. 시우는 6학년(특수학급[1]) 학생으로, 말수가 적고 소극적인 성격이며 또래 친구들과 상호작용 빈도가 낮은 편이라고 했다. 체구도 작고 아침식사를 하지 않고 등교하는 듯 보였으며, 지각도 잦은 편이었다. 보호자와의 통화는 어려웠고, 반복적인 연락에도 지각 문제는 좀처럼 개선되지 않았다고 했다.

특수교사와의 면담을 통해 더 많은 정보를 얻을 수 있었다. 시우는 기초생활수급가정의 자녀로 부모와 네 명의 형제자매가 함께 살고 있었고, 여동생 한 명도 특수학급에 입급되어 있었다. 시우는 경계선지능 판정을 받았으며, 지적장애 진단은 받지 않았지만 특수학급에서 이루어지는 개별화 수업에는 잘 참여하고 있었다. 그러나 늘 같은 옷을 입고 등교하는 경우가 많아 악취가 나거나 위생 상태가 불량한 날이 많았으며, 영양상태 또한 좋아 보이지 않는다고 하였다.

보호체계의 한계와 학교 차원의 개입 필요성

지역 행정복지센터를 통해 드림스타트 대상 여부를 확인해 보니 등록은 되어 있었고, 인근 복지관에서 학습지원을 받고 있

1 특수학급은 특수교육 대상 학생이 일반 학교 내에서 개별화된 교육과 지원을 받을 수 있도록 설치된 학급이다.

었지만 결석률이 높았다. 이전에 진행되었던 상담 바우처 프로그램은 방문 상담 형태로 이루어졌으나, 가정 내 위생 상태가 매우 불량하고 악취가 심해 상담사가 중단을 요청하면서 종료된 상태였다. 특히 아버지는 공격적이고 위협적인 태도를 보이는 경우가 많아 외부기관에서 지속적인 서비스 제공에 큰 어려움을 겪었다고 했다.

시우를 둘러싼 보호체계는 존재했지만, 부모의 비협조적인 태도로 실질적인 지원이 이루어지기 어려운 상황이었다. 시우를 위해 학교 차원의 지원이 필요하다고 판단되어 협의회를 통해 본격적인 개입을 시작하게 되었다.

관계 구축을 통한 맞춤형 지원과 개입 방향 설정

특수교사가 비교적 시우의 아버지와 관계가 잘 형성되어 있었기에, 교육복지 지원에 대한 보호자의 동의를 받을 수 있었다. 이후 시우와의 신뢰 관계 형성을 위해 매일 아침 교육복지실에서 만나 간식을 먹으며 자연스럽게 이야기를 나누었다. 시우가 좋아하는 과자나 과일을 함께 이야기하며 간식 계획표도 만들었다. 이를 통해 조금씩 마음의 문을 열기 시작했고, 지각하는 날도 점차 줄어들었다.

신뢰가 어느 정도 쌓인 후 함께 아울렛에 가보자고 제안했다.

늘 작고 해진 옷을 입고, 낡은 가방과 구겨 신은 신발로 다니는 시우에게 꼭 필요한 지원이었다. 나는 시우에게, 이것은 지각하지 않고 교육복지실에 오기로 한 약속을 잘 지켜줬고, 앞으로의 학교생활을 응원하는 의미에서 주는 선물이라고 전했다. 필요한 물품을 모두 구입한 후 자연스럽게 집까지 데려다주며 가정방문을 진행할 수 있었다.

현관문을 열어준 건 동생이었고, 좁은 다세대 주택 안에는 방 두 칸과 작은 주방만 있었다. 다섯 명의 아이들과 부모가 함께 생활하기에는 공간이 턱없이 부족해 보였고, 청소가 되어 있지 않아 위생 상태는 열악했다. 빨랫감이 쌓여 있고, 곳곳에 곰팡이 흔적도 보였다. 어머니는 작은 방에 누워 있다가 과자를 입에 문 채 나와 아이의 옷을 전달받았다. 나는 옷을 매일 갈아입히고 아침식사도 가능하면 챙겨달라고 말했지만, 어머니는 "나는 요리를 못해요. 아빠가 반찬 사와야 밥을 줄 수 있어요.", "돈이 너무 없어요."라며 현실적인 어려움을 토로했다.

어머니는 지적 능력이 다소 부족해 보였고, 경계선지능이 의심되었다. 보통의 엄마들처럼 아이들을 세심하게 돌보는 것이 어렵겠다는 생각이 들어 마음이 복잡해졌다. 부모의 보살핌이 절실한 나이지만, 현실적으로 부모에게 돌봄을 기대하기 어려운 상황이기 때문에 시우 스스로 생활을 유지하고 자립할 수 있는 능력을 키워주는 것이 가장 현실적인 대안이라는 판단이 들었다.

학생 중심의 맞춤형 지원과 변화

이후 시우가 기본생활습관을 기를 수 있도록 매일 하나씩 실천 약속을 정해 함께 지켜보기로 했다. '매일 샤워하기', '속옷 갈아입기', '잠옷과 외출복 구분하기', '옷이 없으면 엄마에게 세탁 요청하기' 등 스스로 할 수 있는 활동에 중점을 두었다. 시우는 약속을 충실히 지켰고, 점차 위생 상태에도 긍정적인 변화가 나타났다.

지각 문제 해결, 아침식사 제공, 의복 지원 등은 담임 및 특수교사, 학교 입장에서의 개입 목표였으며, 이는 어느 정도 해결이 되었기 때문에 시우의 욕구가 반영된 개입 목표를 찾기 위한 면담을 진행했다.

"시우가 지금 가장 원하는 것이나 하고 싶은 것은 뭐야?"
"선생님과 마트에 한번 더 가고 싶어요. 과자나 음식 같은 거 사보고 싶어요!!"
"그럼 아침 간식을 시우가 직접 골라서 사보는 건 어때?"
"좋아요!"

"학교나 집에서 어떤 것들이 달라지면 시우가 지금보다 더 행복하거나 좋을 수 있을까?"

"수학이 너무 어려워요. 조금만 더 잘했으면 좋겠어요!"

"수학이 어려웠구나!! 방과 후에 수학을 가르쳐주실 선생님을 찾아서 함께 공부해 볼까?"

"네. 한번 해보고 싶어요!!"

시우와 2주에 한 번은 '함께 장보기'를 통해 식료품을 구입해 보고 아침식사도 스스로 챙겨 먹는 연습을 하며 학교에서 아침 먹는 횟수를 조금씩 줄여나갔다. 함께 장본 식재료를 가정으로 가져다주며 주기적으로 가정방문을 하였으며 부모님과도 긍정적인 관계를 형성할 수 있었다.

방과 후 학습지원은 심리상담센터를 연계하여 연산 및 기초 수학 지원과 더불어 상담을 병행하는 인지치료 프로그램을 계획하여 지원하였다. 상담 선생님은 경계선지능아동들의 위기 대처 방법 연습, 중학교 가기 전 꼭 알아야 할 연산의 반복 학습, 친구와 상호작용하는 방법을 함께 찾아보고, 시우가 좋아하는 게임을 함께하는 등 다양한 긍정적 자극을 제공했다. 시우는 상담 시간을 손꼽아 기다릴 만큼 즐거워했고 개입 초기보다 밝은 표정의 시우를 볼 수 있었다.

졸업과 사례 종결

시우의 졸업식 날, 특수학급 선생님이 내게 조용히 물었다.

“혹시 시우 휴대폰에 선생님 번호를 ‘119’로 저장해 주셨어요? 위급할 때 전화하라고?”

나는 놀란 듯 대답했다. “아니요. 제가 저장해 준 적은 없어요.”

“그럼 시우가 선생님을 특별하게 생각한 것 같아요. 시우에게 선생님은, 어려운 순간에 제일 먼저 떠오르는 사람이었나 봐요! 그동안 잘 돌봐주셔서 정말 감사했어요.”

시우의 졸업으로 사례는 종결되었고 ‘119’로 저장되었던 내 번호로 걸려오는 전화는 더 이상 없었다. 초등학교에서 함께한 시간들이 시우의 마음에 따뜻한 기억으로 남아, 앞으로의 성장에 든든한 디딤돌이 되기를 바라며 조용히 마음속으로 시우를 응원해 본다.

개입의 초점

1 **특수교육 대상자 이해에 기반한 전문적 지원**

이 사례를 다루는 교육복지사에게는 특수교육 대상자, 특수교육, 경계선 지능의 특성에 대한 이해와 지식이 요구되며, 특수교사와의 긴밀한 협조가 필요하다.

2 **일상 속 자립을 돕는 실천 중심의 개입**

구체적·물질적 원조 제공을 통해 클라이언트의 상황을 개선하고, 자립심을 키우며 일상생활 능력 향상 기회를 제공하는 데 중점을 두었다.

3 **전인적 성장을 위한 협력적 지원**

담임교사, 특수교사, 교육복지사, 전문상담가 등 학교 내외 다양한 전문가와의 다학문적 협력을 통해 전인적 지원을 도모하였으며, 단기적 문제해결을 넘어 아동의 장기적 성장과 사회 적응을 위한 계획을 병행하였다.

개념 및 이론 TIP

1 **해결중심모델(Solution Focused Model)**

- **개념** : 내담자의 강점에 초점을 맞추고, 내담자의 자원을 충분히 활용하며, 문제(problem)가 아닌 해결(solution)에 중점을 두는 모델이다. 해결중심모델의 목표 설정의 원칙은 다음과 같다.
  ① 내담자에게 중요한 것을 목표로 한다.
  ② 작은 것을 목표로 한다.
  ③ 구체적이며 명확하고 행동적인 것을 목표로 한다.
  ④ 문제를 없애는 것보다는 더 나은 것에 관심을 둔다.

⑤ 지금-여기에서의 목표로 시작한다.

⑥ 내담자가 실현 가능하고 성취 가능한 것을 목표로 한다.

⑦ 목표를 수행하는 것은 힘든 일이라고 인식한다(길귀숙 외, 2021).

- **사례 적용** : 클라이언트의 욕구(장보기, 수학 학습 등)를 반영한 구체적인 목표를 설정하여 작은 성취 경험을 반복하게 하였고, 이를 통해 자기효능감과 참여 동기를 강화하였다.

2 **경계선지능(BIF : Borderline Intellectual Functioning)**

- **개념** : 미국정신의학회가 발간한 『정신질환 진단 및 통계 편람 제5판(DSM-V)』에서 IQ가 71에서 84 사이에 해당하는 경우를 말하며, 지적장애(70 이하)보다는 높지만 평균 수준에는 미치지 못하는 지능 범위를 의미한다.
- **사례 적용** : 클라이언트는 경계선지능 판정을 받아 학습과 일상생활 전반에서 반복적인 지도가 필요하였다. 이에 맞춤형 생활습관 형성 지원과 기초학습 지도를 병행하며, 점진적인 변화를 도모하였다.

동료 슈퍼비전

1 간식을 매개로 아동과의 긍정적인 라포를 효과적으로 형성하였으며, 이를 통해 조식 지원과 지각 문제 등 주요 문제 상황이 점진적으로 개선된 점이 돋보인다. 관계 형성이 단순한 친밀감 형성에 그치지 않고 실질적인 문제 해결로 이어진 점에서 개입의 목표 설정과 실행 과정이 매우 효과적이었다.

2 아동의 욕구를 면밀히 파악하여 이를 토대로 개입 계획을 체계적으로 수립

하였으며, 일상생활기술훈련, 함께 장보기, 조식 제공, 인지치료 등 맞춤형 지원을 지속적으로 제공한 점이 매우 인상적이다.

좀 더 알아보기

1 경계선지능이 의심되는 부모의 접근 방법 및 지원 방법에 대하여 알아봅시다.

2 현물 지원이 학생과 가정에 미치는 긍정적 영향을 살펴보고, 지원 과정에서 고려해야 할 점에 대해 알아봅시다.

3 가정방문 시 교육복지사의 안전을 확보하기 위한 방안을 모색해 봅시다.

참고문헌

길귀숙·강희숙·김상곤·오영훈·유용식·임승희·천덕희·현영렬(2021). **사회복지실천기술론**(pp. 105-111). 경기 : 양서원.

도광조(2021). **사회복지실천기술론**(pp. 130-132). 경기 : 양서원.

2

너의 계절을 함께 걸어가 보자

무관심한 부모로 인한 방임아동 지원 사례

가을과 함께 찾아온 삼 남매

우리 학교로 전학 온 삼 남매의 이야기이다.

선우는 2학기에 전학 온 3학년 학생으로, 기초생활수급가정의 자녀이다. 본교에는 선우를 포함한 삼 남매가 재학 중이며, 중학교와 고등학교에도 형제가 있는 다자녀가정의 학생이다. 선우의 가정은 아버지가 일용직으로 가끔 일을 하고, 어머니는 현재 무직인 상태이다. 부모 모두 무기력하여 자녀 양육에 무관심했으며, 늦은 밤까지 휴대폰과 TV 시청으로 새벽에 잠자리에 드는 생활을 반복하고 있었다. 이로 인해 아침에 일찍 기상하지 못하고, 부모의 관심 부족으로 아이들도 스스로 일어나지 못해 잦은 지각을 하고 있다. 선우의 형은 예전 학교에서 길을 잃어 고생한 적이 있고, 우리 학교에 와서도 혼자 집을 찾아가지 못하였다. 그래서 선우가 형의 수업이 끝나기를 기다렸다가 함께 가곤 했다. 형은 5학년이라 선우와 수업 끝나는 시간이 달랐기에 선우는 교육복지실에서 형의 수업이 끝나기를 기다렸다. 그 시기 선우와 라포를 형성하는 과정에서 아직 한글을 다 습득하지 못했다는 것을 알게 되었다. 그래서 기초학력 담당 교사에게 한글학습 자료를 공유받아 매주 수요일 교육복지실에서 둘만의 한글 교실이 시작되었다.

선우는 아직 한글이 익숙하지 않았지만, 두 글자 중 한 글자만 알아도 스스로 유추해 내는 능력이 있었다. 단어 카드를 보며 말하기 연습을 할 때도 처음엔 망설였지만, 첫 글자를 힌트로 주면 곰곰이 생각하다가 결국 정답을 말하곤 했다. 그 집중하는 눈빛이 참 기특했다.

그렇게 선우는 한글 공부를 하고 간식을 먹으며 교육복지실에서 형을 기다리곤 했다. 내가 출장을 간 어느 날, 담임교사에게 선우를 부탁했는데, 나중에 들으니 문이 잠긴 교육복지실 앞에서 나를 한참이나 기다렸다고 했다. 담임교사는 "교육복지실이 선우에게는 특별한 의미가 있는 것 같아요."라고 하였다. 그 말을 듣는 순간 가슴이 뭉클해졌다.

겨울바람을 막아주는 포근한 쉼터

선우는 교육복지실에서 나와 함께 있을 때는 말이 적었다. 짧은 단어로만 마음을 전했고, 누군가 들어오면 몸을 살짝 웅크리곤 했다.

선우와 같은 반 친구 두 명이 교육복지실 방과 후 프로그램 활동 시작 전에 미리 오기 시작했다. 처음에는 선우가 친구들이 오면 어색한 듯 조용히 앉아 있었지만, 시간이 지날수록 미소를 보이기 시작했다. 선우의 그런 모습을 보며, 친구들과 자연스럽게 어울릴 수 있는 기회를 만들어주고 싶다는 생각이 들었다. 며칠 뒤 같은 반 친구가 "선생님, 우리 축구하러 나갔다 올 건데 선우도 같이 놀아도 괜찮아요?"라고 물어보았다. 선우에게 의견을 묻자 수줍게 고개를 끄덕이며 좋다고 대답했다. 그래서 그날은 한글 공부를 잠시 미루고 친구들과 함께 운동장으로 나가 놀 수 있도록 했다. 그 이후로 매주 수요일이면 선우는 친구들과 함께 어울리며 즐겁게 웃는 모습을 보여 주었다.

처음에 선우는 소극적이고 한글을 완전히 익히지 못해 자신감이 부족했지만 교육복지실에서 친구들과의 교류를 통해 상호작용 능력을 기르고 성장해 나가는 모습을 보였다.

선우와 형의 이야기를 들어보니, 둘 다 모두 교실에서 친구들과의 어려움을 겪고 있으며 정서적 지지가 필요하다고 생각되었다. 이에 전학 오기 전 학교의 교육복지사에게 연락하여 학생들의 이전 상황을 확인하였다. 그 결과, 형은 특수교육 대상 학생으로 인지 상담을 진행한 경험이 있음을 알게 되었다.

두 학생 모두 소극적이고 위축된 학생들이라, 이전 학교에서 상담을 진행했던 동일한 외부기관 상담사와 연계하면 안정적인 적응을 도울 수 있을 것이라 판단되었다. 이에 상담사를 소개받아 주 1회 인지 상담을 시작하였고, 이를 계기로 선우와 형이 주기적으로 교육복지실을 방문할 수 있도록 하였다.

학생들을 관찰한 결과, 늘 같은 옷을 입거나 계절에 맞지 않은 옷차림으로 등교하는 경우가 많았다. 또한 잦은 지각을 하고 있다는 것을 담임교사를 통해 확인하였다. 위생 문제나 지각 문제로 부모에게 연락하면, 부모는 "선우와 형이 일어나지 않는다"며 대수롭지 않게 말해서 부모에게 의지하기보다는 학생들의 자립심을 키워주는 것이 중요하다고 생각하였다.

봄이 오기 전 꽃샘추위

해가 바뀌어 진급한 이후, 선우는 한글 미해득 문제뿐 아니라 학급에서 말을 하지 않는 새로운 어려움을 보이기 시작했다. 교육복지실에서는 작년까지만 해도 말을 했었는데, 현재는 눈짓과 손짓만으로 의사소통을 하는 모습을 보였다.

상담사는 '선택적 함구증[2]'이라고 했다.

하지만 선우가 가정에서는 말을 하는 상황이다 보니, 부모는 이 문제를 심각하게 인식하지 못하고 있었다.

상담을 계속 받으면서 상담사의 권유로 아동종합심리검사를 실시하였고, 그 결과 선우 역시 특수학급 입급이 필요하다는 판

2 선택적 함구증은 특정 사회적 상황에서만 말을 하지 못하는 불안장애로 심리적·환경적 요인에 의해 발생한다.

정을 받았다.

교실에서 한마디도 하지 않고 힘들어하는 선우에게는 보다 전문적인 교육이 필요하다고 판단되어, 특수학급 입급을 권유했다. 특수학급에서 하루 1~2시간씩 수업을 받으면서 선우의 표정이 조금씩 밝아졌다. 특수교사의 말에 따르면 특수학급에서도 말은 하지 않지만, 옆 친구가 문제를 풀지 못할 때 손짓으로 알려주는 등 과제 수행 능력이 향상되고 있다고 했다.

선우는 교육복지실에서 게임을 할 때면 나한테 이기려고 카드를 바꾸기도 하고 다양한 방법을 사용하여 함께 참여하는 모습을 보여주었다. 이를 통해 선우는 관심을 받을 때 더욱 노력하고, 동기부여가 되는 아이라는 것을 알 수 있었다. 부모가 조금 더 지지해 주고, 곁에서 알려주는 사람이 있었다면 선우의 성장에 더 큰 도움이 되었을 것 같아 안타까운 마음이 들었다.

선우가 4학년이 되면서 막내 동생이 입학했는데, 동생도 결석을 반복하고 있었다. 아침마다 담임교사가 어머니에게 연락을 시도했으나 연락이 닿지 않았다. 이에 담임교사는 선우의 등교 여부와 동생이 등교하지 않은 이유를 확인해달라고 나에게 요청하였다. 선우에게 물어보면 "동생은 자고 있다"고 몸짓으로 알려주었다. 선우 또한 세수나 준비를 하지 못한 채 등교하는 날이 많았다.

이후 생활부장 교사와 함께 가정방문을 나갔다. 방문 당시 막내 동생뿐 아니라 부모도 모두 자고 있었다. 어머니가 문을 열어주었는데 어머니는 막내 동생이 어디 있는지도 모르고 집 안에서 찾는 모습을 보였다. 부장 교사가 어머니와 이야기하는 동안 나는 막내 동생이 등교 준비를 할 수 있도록 도와 함께 등교하였다. 이야기를 나누는 동안에도 아버지는 일어나지 않는 모습을 보였다. 잦은 결석으로 가정방문을 갈 때마다 부모는 늘 자고 있었다. 부모의 생활 태도와 무관심으로 인해 자녀들의 등교 습관 형성에 어려움이 있음을 확인하였다. 막내 동생은 일주일에 2~3일씩 결석을 반복하였다. 이에 생활부장 교사와 함께 가정에 방문하여 부모에게 경고도 하고 부탁도 했는데, 상황은 쉽게 해결되지 않았다.

삼 남매가 학교에 잘 등교하는 날이면 교육복지실로 걸려오는 전화가 없었지만, 1학년 동생이 등교하지 않는 날에는 어김없이 아침마다 전화가 울렸다. 그때마다 나는 선우의 등교 여부를 확인하고, 선우를 통해 동생의 상태를 알아보는 과정을 반복하였다. 선우는 말을 하지 않기 때문에 질문을 하면 고개를 끄덕이거나 흔드는 등 비언어적 표현으로 의사소통을 했다.

선우는 스스로 일어나 학교에 오는 힘이 생겼지만, 막내 동생은 아직 어려 부모의 도움 없이는 일어나지 못해 결석이 잦았다.

가정방문을 통해 확인한 결과, 부모의 도움을 받기는 힘들 것이라고 판단되어 삼 남매가 지각하지 않고 스스로 등교할 수 있는 방법을 함께 찾아보았다.

선우와 형은 약속을 하면 잘 지키는 성향을 보였기에, 아침마다 동생을 깨워 함께 등교하는 '등교 미션'을 주었다. 지각하지 않고 등교하는 날에는 교육복지실에서 칭찬 쿠폰을 제공하고, 쿠폰을 모아 원하는 선물을 받을 수 있도록 하였다. 처음에는 실천하기 어려웠지만, 쿠폰이 하나둘 늘어날수록 지각 횟수가 점차 줄어들었다. 그동안 칭찬받고 인정받은 경험이 부족했던 삼 남매는 관심을 받으며 변화를 보이기 시작했다.

끝없는 여름 햇살, 멈추지 않는 관심

학생들의 학교생활 변화뿐 아니라 부모의 태도 변화가 함께 이루어져야 한다고 판단되어, 지역복지관에 연락하여 공동사례회의를 개최하였다. 이후 복지관에서 부모 대상 초기 상담을 진행하였으며, 가정방문이 예정되어 있다는 정보를 공유받아 복지관 사회복지사와 함께 공동 가정방문을 실시하였다.

부모면담을 통해 부모의 태도 변화가 가장 시급하다고 생각되지만, 실제 변화를 이끌어내는 것은 쉽지 않았다. 가정방문 과정에서 드림스타트와 연계되어 있다는 사실을 확인하였고, 이에 교육복지사, 지역복지관, 드림스타트 담당자가 함께 참여하는 공동사례회의를 다시 개최하였다.

드림스타트와의 연계는 이미 5~6년 전부터 이루어져 있었으나, 여전히 부모의 변화는 제한적이었다. 이에 각 기관은 역할을 분담하여 협력체계를 구축하였다. 학교에서는 학생들의 지각 및 학교생활 관리를 맡고, 지역복지관은 반찬서비스·주말활동·경제적 지원을 담당하며, 드림스타트는 부모상담 및 가정 지원을 담당하였다.

부모의 변화가 쉽지 않은 가정이기에 부모를 변화시키려는 노력도 계속되지만, 더 중요한 목표는 지역사회와 학교가 함께 아이들을 지지하고, 자립심을 키워 스스로 힘을 가질 수 있도록 돕는 것이다.

학교와 지역사회의 이러한 꾸준한 협력과 노력이 아이들의 안정적 성장에 작은 보탬이라도 되기를 바란다.

계절이 돌고 꿈은 자란다

방학 중 학교에서 진행하는 체험활동에 참여할 수 있도록 안내하였으나, 큰 기대는 하지 않았다. 그런데 체험활동이 있던 날, 삼 남매가 운동장에서 기다리고 있다가 "선생님, 우리도 초콜릿 만들기 하러 왔어요."라며 수줍게 인사하는 모습에 놀랐다. 삼 남매는 평소 집에서 특별한 일정 없이 휴대폰만 하며 시간을 보내는 경우가 많아, 학교와 지역사회에서는 가능한 한 집 밖으로 나올 수 있는 경험의 기회를 주기 위해 노력하고 있었다.

삼 남매가 스스로 의사를 표현하여 참여했고, 체험 내내 웃으면서 참여하는 모습이 대견스러웠다. 스스로 할 수 있는 힘이 생길 때까지는 학교에서도 지역사회에서도 꾸준히 지치지 않고 지켜주는 관심이 필요할 것 같았다.

현재도 학교에서는 남매의 등교 여부와 위생 상태를 수시로 확인하며, 맞춤형 지원을 지속적으로 제공하고 있다.

선우는 학년이 올라가면서 학급에 잘 적응하고 친구 관계도 회복되어 특수교사의 판단에 따라 상담을 종결하였고, 현재는 형만 주 1회 인지치료를 이어가고 있다.

전학 당시, 선우는 말수가 적고 눈 맞춤조차 어려운 매우 소극적인 아이였다. 하지만 이제는 지각도 하지 않고 친구들과 함께 운동하며 웃음을 보이는 아이로 성장했다. 그 변화의 시간 속에서 학교와 지역사회, 그리고 아이들이 함께 만들어 온 우리의 사계절은 어느새 두 바퀴나 지나 있었다.

삼 남매가 걸어가는 길을 교육복지사인 나도 함께 천천히 걸어가야겠다. 같이 걸어가다 보면 학생들도 성장해서 스스로 길을 찾고 서로에게 길잡이가 되어주는 힘이 생길 거라 믿는다.

개입의 초점

1 **학생 중심의 다차원적 접근**

학습적인 부분에 국한하지 않고, 교육·상담·생활지원·정서적 지지를 통합적으로 제공함으로써 학생이 필요로 하는 다양한 영역에서 균형 잡힌 도움을 받을 수 있도록 했다.

2 **지역사회 자원과 연계하기**

학교 내 지원만으로는 한계가 있으므로, 지역사회복지관이나 드림스타트와 같은 지역사회 자원과 유기적 연계가 필수적이었다. 이러한 협력체계는 학생에게 지속가능하고 장기적인 개입을 할 수 있는 역할을 했다.

3 **자립심 함양 및 자기주도적 성장 유도하기**

부모의 양육 방임이 반복적으로 나타나는 상황 속에서 학생이 의존적 태도에 머무르지 않도록 자립심을 기르고, 자기주도성을 성장시킬 수 있는 방향으로 지원을 집중하도록 노력했다.

4 **정서적 안전 기반 마련하기**

학생이 정서적으로 안전함을 느낄 수 있는 기반을 마련하는 것도 매우 중요하다고 생각되어, 이를 위해 교육복지실이 단순한 학습 공간을 넘어 학생이 안정감을 회복하고 마음을 돌볼 수 있는 정서적 회복의 공간으로서 자리잡을 수 있도록 노력했다.

개념 및 이론 TIP

1 강점관점(Strengths Perspective)

- **개념** : 클라이언트의 뛰어나거나 유리한 능력을 찾아야 하며, 그러기 위해서는 경청과 존중을 통해 그들의 삶의 이야기를 들어주는 것이 필요하다. 또한 클라이언트는 '자신의 경험으로부터 문제를 해결할 수 있는 능력이 있으며, 다양한 생각을 가지고 있어 어떤 일이라도 잘할 수 있는 사람'으로 보고 있다(장덕희 외, 2004).
- **사례 적용** : 선우는 아직 한글을 완전히 익히지는 못했지만, 새로운 단어를 알려주면 스스로 유추해 내는 능력이 있었고 배우려는 의지가 강해 학습 동기를 높일 수 있는 방안을 함께 모색하였다.

  전학 초기에는 소극적인 성향으로 상호작용의 어려움이 있었으나, 먼저 다가와 주는 친구들이 생기면서 마음을 열고 관계를 형성해 나가기 시작했다. 이에 사회성을 높일 수 있는 다양한 기회를 마련하려고 노력하였다.

2 위기개입모델(Crisis Intervention Model)

- **개념** : 위기개입모델은 위기상황에 즉각적으로 단기 전문 원조를 제공하기 위한 모델로, 높은 스트레스 상황에 있는 클라이언트를 대상으로 한 개입에 매우 효과적이고 유용한 모델이다. 위기개입모델은 기존 지식과 임상적 측면이 결합되어 있다는 점에서 다분히 절충적이며, 전통적 개별 사회복지실천보다는 실제적 기법으로 평가되고 있다(신성자, 2007).

  Roberts의 7단계 위기개입모델

  ① 위기 사정 : 가족이 처한 위기의 성격, 강도 기간 파악

  ② 관계 형성 : 클라이언트와 신뢰 관계 형성

  ③ 문제 정의 : 핵심 문제 명확히 규정

④ 태도와 감정탐색 : 심리적 안정감 회복

⑤ 대처방안 탐색 : 현실적 실현 가능한 대처방안 모색

⑥ 실행 계획 : 선택된 대처방안을 구체적으로 실행할 계획 수립

⑦ 사후관리 : 개입 과정의 효과성 평가(Roberts, 2005, 이주호, 2013 재인용)

- **사례 적용** : 선우는 전학과 가정의 어려움으로 인해 위기상황에 놓여 있었다. 교육복지사는 선우가 형과 함께 하교할 수 있도록 교육복지실에서 함께 시간을 보내며 라포를 형성하였다. 이 과정에서 지각과 학습 지연의 어려움을 알게 되어, 기초학력 전담 교사와 협력해 한글 교실에 참여할 수 있도록 지원하였다. 그 결과 학습에 흥미를 보이기 시작했고 심리적으로 안정감을 찾아갔다. 또한 친구들과 자연스럽게 어울릴 수 있는 시간을 가지며 학습과 정서 모두 긍정적인 변화를 보였다. 선택적 함구증으로 어려움을 겪는 선우를 위해 상담지원과 특수학급 연계를 추진하여 학교생활의 적응력을 높였다. 아울러 교육복지사는 매주 선우의 변화를 점검하고, 담임교사와 특수교사의 학기별 평가를 반영하여 개입 과정을 체계적으로 관리하였다. 이를 통해 장기적 사례관리로 이어질 수 있는 기반을 마련하였다.

✩ 동료 슈퍼비전

1 전학 온 학교와 재학 중인 학교 간의 교류를 통해 선우와 형의 인지치료 상담이 보다 효과적으로 진행된 것 같다.

2 교육복지사가 학교에 상주함으로써 선우에게 필요한 한글 교실을 운영할 수 있었으며, 이 과정에서 자연스럽게 라포가 형성되어 바람직한 결과로 이어졌다.

3 지역사회와의 긴밀한 협력체계를 구축하여 지속적으로 개입할 수 있는 기반을 마련한 점이 긍정적이었다.

좀 더 알아보기

1 학생이 스스로 기상하고 등교 습관을 형성할 수 있는 실질적인 방법을 알아봅시다.

2 강점관점 모델에서 접근했을 때 위 사례에 등장하는 학생의 강점은 무엇인지 함께 알아봅시다.

3 비자발적인 부모의 변화를 이끌기 위해 요구되는 기술을 조금 더 고민해봅시다.

참고문헌

신성자(2007). **사회복지실천기술론**(pp. 178-179). 경기 : 양서원.

이주호(2013). 위기개입과 위기관리: A.R.Roberts의 7단계 위기개입 모델의 이해와 적용을 중심으로(pp. 7-11). 충북대학교 사회과학연구소 추계학술대회.

장덕희·김성준·김소희·김정기·김혜수·선준엽·엄혜련(2024). **현장기반 사례관리**(p. 47). 경기 : 공동체.

3

사람은 무엇으로 사는가

가족과 분리되어 시설에 입소한 학생 지원 사례

세호의 특성과 배경

세호는 중학교 2학년으로 아담한 키와 펭귄처럼 손을 뒤로 뻗고 걸어 다니는 특이한 걸음걸이로 인해 또래들의 귀여움을 한 몸에 받고 있는 남학생이다. 세호는 아버지, 형, 누나와 함께 살고 있는데, 세호의 형과 누나는 모두 특수교육 대상자로 세호가 다니고 있는 학교를 졸업하였다.

세호의 가정은 국민기초생활수급자, 한부모가정으로 세호 아버지 말에 따르면 아내의 외도로 인해 아이들이 어릴 때 아이들 엄마와 이혼했다고 한다. 세호의 아버지는 희귀병을 앓고 있어 그 증상 중 하나로 설사를 자주 하다 보니 뼈만 앙상할 정도로 마른 체구를 가지고 있는데 세호의 형 또한 아버지와 같은 병 진단을 받은 상황이다. 대체로 성인이 되어야 정확한 진단이 나오는 병의 특성상 세호 누나와 세호도 안심할 수만은 없는 상황이다. 세 자녀 양육을 위해 세호의 아버지는 현재 배달 일을 하며 부족한 생활비를 벌고 있다. 세호의 형은 성인이 되면서 독립하였으나 별다른 직업은 없고, 누나는 고등학교 2학년에 재학 중으로, 방과 후에는 활동지원사의 도움을 받아 세호와 누나가 아버지의 부재 가운데 한 집에서 생활하고 있다.

조식 지원을 통한 일상 관찰

세호를 알게 된 것은 인근 초등학교 교육복지사와 우리 학교로 진학한 학생들의 가정 상황에 대해 이야기를 나누면서이다. 세호 가정의 특성상 초등학교 때 받았던 조식 지원이 계속 이어졌으면 좋겠다는 교육복지사의 부탁이 있었고 본인 의사 확인을 위해 세호를 처음 만나게 되었다. 세호는 학교에서 말수가 적고, 수동적이고, 다소 무기력한 학생이라는 평가를 받고 있었는데 아침을 먹으러 올 때만큼은 적극성과 성실성을 띠었다. 다른 친구들은 가끔 잊어버리기도 하고, 귀찮아서 건너뛰기도 하고, 교육복지실이라는 이유로 불편함을 느껴 이용하는 학생들이 없을 때 조용히 받아가기도 하는 반면 세호는 항상 정해진 시간에 와서 밥을 먹고 갔다. 매일 만나다 보니 오고 가는 대화와 관찰을 통해 세호의 평소 생활과 필요한 부분들을 쉽게 파악할 수 있었다. 그리고 평소 어려운 학생에 대한 관심이 많은 선생님 한 분이 세호의 상황을 안타깝게 생각하여 결연교사로 세호를 밀착 케어해 주었다. 기초학력이 부족한 부분은 남아서 지도해 주기도 하고, 체험학습을 갈 때는 용돈을 챙겨주기도 하고, 세호를 위해 도와주고 싶은 부분이 생길 때마다 교육복지사와 함께 마음을 공유하고 상의하여 적절한 선에서 지원이 이루어질 수 있도록 하였다.

제주도 2박 3일 캠프, 대천 1박 2일 캠프, 동계스키캠프, 놀이공원…. 세호는 학교를 통해 가정에서 가져볼 수 없었던 많은 문화체험의 기회를 가졌다. 그리고 매일 아침 학교에서 제공되는 식사에 무척 만족해하였다. 그렇게 즐겁게 학교생활을 하고 있을 2학년 1학기 말, 세호는 갑작스러운 이사와 전학 소식을 전해왔다. 왜 이사를 가는지, 어디로 가는지 세호는 아무것도 알지 못했다. 사실 확인을 위해 급히 아버지와 통화해 보니 이미 결정된 사항이라는 말만 건넬 뿐 정확한 이유는 알려주지 않았다. 그 후 아버지와의 통화는 어려웠고, 세호 또한 개인 휴대폰이 없어 연락을 하지 못한 채 개학날이 되었다. 그런데 당연히 전학을 갔을 것이라 생각했던 세호가 교육복지실로 들어오는 것이 아닌가.

아버지의 사고, 갑작스러운 가족과의 분리

방학하자마자 세호의 아버지에게 사고가 있었다고 한다. 배달 중 교통사고가 크게 나서 전신골절 진단을 받았고 치료와 요양에 상당한 시간이 걸릴 것으로 판단하여 시청 아동보육과에서 세호와 세호 누나를 분리 보호 조치했다고 한다. 누나는 그룹홈으로, 세호는 일단 단기 쉼터로 지낼 곳을 정해주었는데 다행히도 쉼터가 학교와 가까워서 세호가 이사 전과 같이 학교를 다닐 수 있게 된 것이다.

갑작스러운 가족과의 분리, 가족 없이 새로운 환경에서 잘 지낼 수 있을까 하는 우려와는 달리 세호는 쉼터 생활에 무척 만족해하였다. 아버지는 생업으로 인해 자녀들과 얼굴을 마주할 시간이 없었고 세호는 하교 후 마땅히 대화할 가족 없이 공기계로 게임을 하며 잠자리에 들곤 하였다. 그런데 쉼터에는 하교 후 자신을 반갑게 맞아주고 말 걸어주는 어른이 있었다. 자신에게 무엇이 필요한지 살펴주고 공급해 주는 사람이 있었다. 잘 모르는 누군가와 방을 같이 써야 하고 정해진 규칙을 따라야 하는 등 다소 불편함도 있지만 마냥 심심하지만은 않다. 때로는 귀찮기도 하지만 자신의 건강을 신경 써주고 검사도 같이 가주고 잔소리도 해준다.

원가정 복귀 거부와 그에 따른 대안 모색

입소 후 3개월이 지나 1차 연장 여부를 결정할 당시 세호는 현 쉼터에 계속 머물고 싶다고 이야기했다. 6개월이 지나 2차 연장 여부를 결정할 때에도 세호는 쉼터에 계속 있고 싶다고 본인의 의사를 밝혔다. 세호의 누나도, 세호도, 아버지가 회복하여 집으로 오더라도 원가정 복귀를 원하지 않는다고 하였다. 그러나 세호가 쉼터에 있을 수 있는 기간은 최장 9개월이다.

원가정으로 돌아가고 싶지 않다는 세호의 의사가 확고했기에 세호의 이후 거취 부분에 대하여 학교-쉼터-시청 관계자들이 머리를 맞대었다. 세호가 거처를 옮길 경우 전학을 고려해야 하는데 세호의 전학에 대하여 학교 관계자들은 반대 입장을 표명했다. 세호의 특성을 알고 함께 커온 친구들은 세호를 놀리기보다 귀여워해 주고 세호도 친구들이 자신에게 불편한 언행을 할 경우 바로바로 표현하며 큰 불편함 없이 함께 어울리고 있는 반면, 타 학교로 전학을 갈 경우 세호가 힘이 센 아이들의 표적이 될 수 있을 것이라는 우려와 세호 또한 현 학교에서처럼 불편함을 표현하기 어려울 것이라는 우려 때문이었다. 그리고 아버지와 분리된 후 지내고 있는 현 쉼터에 대해 세호가 무척 만족해하고 있는 점 등을 이유로 현재 머무르는 쉼터에서 운영위원회를 열어 졸업 때까지 지내는 방법을 강구해 주기로 하였다.

세호의 진로, 관심사를 찾아서

한편 세호는 1학년 때부터 전 과목 기초학력 부진 학생 명단에 올라가 있을 정도로 기초학력이 부족했다. 쉼터에 입소해서 진행된 아동종합심리검사에서 세호의 인지능력은 지적장애가 의심될 정도로 낮게 나왔다. 당장 고등학교를 시외권으로 가야 하는 내신 성적과 가서 잘 적응할 수 있을지에 대한 우려로 중3 진급과 동시에 세호의 특수교육 대상자 선정 절차가 진행되었다. 병원에 입원해 있는 아버지와의 연락과 동의에 다소 시간이 걸리기는 하였지만 교육청 선정 기준에 부합하여 세호는 특수교육 대상자로 선정되었고, 특수교육 대상 학생에게 지원되는 혜택을 받을 수 있게 되었다.

평소 수업에 별다른 흥미가 없으나 그나마 유일하게 배워보고 싶은 것이 제빵이라고 하여 2학년 겨울방학에는 세호를 위한 제빵반이 운영되었다. 소수의 관심 있는 친구들과 함께 제빵학원으로 이동하여 10회기 동안 매번 다른 빵을 만들고 학원 자체 시험을 보는 과정이었다. 생각했던 것보다 발효 과정이 길고 지루하여 힘듦을 토로할 때도 있었지만, 평소 학교 출석에 성실한 모습을 보여왔던 세호는 프로그램을 하는 동안에도 성실히 출석하는 모습을 보여주었고 빵 성형이나 완성도는 다소 부족해도 시험 내내 과정을 잘 소화해 내어 관련 자격증을 취득하였다. 그 이후로도 특수교육 대상자 선정 후에 나오는 바우처를 활용하여 일주일에 한 번 제빵을 배워나가고 있다. 관련 고등학교 진학을 위해서이다.

아버지의 사망, 세호의 홀로서기

그리고 얼마 전, 갑자기 세호 아버지가 급성 심근경색으로 사망하였다는 소식이 전해졌다. 시청에서 이미 재가한 어머니에게 겨우 연락이 되어 아이들과 어머니가 아버지의 유골을 납골당에 안치했다고 했다. 평소 감정 표현이 없는 세호는 울거나 슬퍼하는 기색 없이 담담하게 아버지의 유골을 모셨다고 했다. 방학 중 일어난 일이어서 개학 후 세호를 만나 자세히 이야기를 나누었다. 세호는 처음으로 엄마를 만나고, 오랜만에 형과 누나를 만난 것에 대해서는 별 감정이 없지만 아빠가 돌아가신 것은 조금 슬프다고 했다. 그리고 유일한 보호자의 사망으로 세호는 더 이상 단기 쉼터가 아닌 장기시설로 이동해야 한다고 한다. 어디든 자리가 나면 그곳으로 옮겨야 한다.

학교에서는 세호가 어느 시설로 이동하든 얼마 남지 않은 졸업을 현 학교에서 할 수 있도록 돕겠다고 이야기했다. 물론 어떤 결정이든 세호의 의사를 반영해서 하려고 한다. 그리고 세호가 원하는 고등학교 진학을 돕기 위해 쉼터에서도 보호자로서

의견을 보태주었다. 갑작스럽게 가족이 해체되고 보호자가 사망하고 세호가 혼자 견디기 힘든 상황들이 발생하며 마냥 어리기만 한 것 같던 세호도 이제 스스로 자신을 위한 최선의 선택이 무엇일지 고민하고 결정하는 어른으로 성장해 가고 있다. 세호가 현명한 선택을 하고 자신의 선택과 결정을 후회하지 않고 책임져가는 삶을 살아갈 수 있도록 함께 도와주는 어른이 많았으면 좋겠다.

세호에게 필요했던 것

마음 한편이 씁쓸하기는 하지만 원가정에서 느낄 수 없었던 것들을 학교와 외부 기관을 통해 느끼고 채워가는 세호를 보며, 세호에게 정말 필요했던 것이 무엇이었을지, 나는 왜 그토록 원가정 분리가 모두에게 상처만을 낳는다고 생각했던 것인지 깊이 돌아보게 되었다. 분리되지 않았다면 경험해 보지 못했을 사랑과 관심, 그리고 돌봄…. 그 따뜻함을 또 다른 세호들도 원하고 있는 것은 아닐까?

✩ 개입의 초점

1 **가정 내 돌봄 공백을 보완하기 위한 다차원적 지원**

한부모가정, 부의 생계 활동으로 인해 가정 내 돌봄이 부족한 상황으로 학교와 지역사회에서 세호에게 필요한 다차원적 돌봄을 제공하고자 하였다.

2 **갑작스러운 환경 변화에 따른 학생의 심리적 안정 도모**

부의 사고, 가족과의 분리, 부의 사망 등 갑작스러운 가족 환경 변화에 따른 학생의 심리적 충격과 불안감을 최소화하기 위하여 학생이 편안함을 느끼는 안정적 환경에서 생활할 수 있도록 하였다.

3 **학생 역량 강화**

학생이 자신의 관심 분야와 강점을 찾아 진로를 설정하고 자립할 수 있는 힘을 키워 나갈 수 있도록 임파워먼트 하였다.

✩ 개념 및 이론 TIP

1 **클라이언트의 '자기결정권'**

- **개념** : 타인에게 위해를 미치지 않는 한 일정한 사적인 것에 관해서는 공권력의 간섭 없이 스스로 결정할 수 있는 권리이다. 자기결정권의 내용은 개인의 인격적 생존에 불가결한 권리를 포함하는 것으로서 우리나라 헌법재판소는 1. 모든 사항에 대한 일반적인 자기결정권이 아니라 사적인 사항에 대해서만, 2. 성숙한 판단 능력을 가진 자에 한하여 자기결정권을 인정하고 있다(홍봉선·남미애, 2019).
- **사례 적용** : 자기결정은 인간의 기본적인 욕구이자 인간의 존엄성과도 연

결되는 부분으로 세호에게도 마땅히 보장되어야 하는 권리 중 하나이다. 비록 세호가 미성년자이고 특수교육 대상자이긴 하지만 자신의 의사를 표현하는 데 큰 문제가 없었기에 자신의 문제에 대하여 가장 적절한 선택을 하는 데 필요한 서비스나 정보를 제공하였고, 스스로 자신의 거취 부분, 진로 등에 대하여 선택할 수 있도록 도왔다.

2 애착이론(Attachment Theory)

- **개념** : 애착(Attachment)은 한 개인이 자신과 가장 가까운 사람에 대하여 느끼는 강한 정서적 유대관계를 의미한다(Marrone, 2005, 최지희, 2013 재인용). 애착 형성에 가장 중요한 것은 양육자와 유아 사이의 초기 관계의 질이다. 양육자가 유아에게 '안전한 기지' 역할을 제공해 주며, 유아에게 민감하고 지속적이며 일관되게 반응하면, 유아는 안정적인 애착을 발달시킨다(Bowlby, 1969, 최지희, 2013 재인용). 어린 시절에 이루어지는 애착 형성은 이후에 발달하는 정서적 안정성과 대인관계의 중요한 기초가 된다. 이러한 애착은 인생 전 과정에서 중요한 역할을 한다(최옥채 외, 2024).
- **사례 적용** : 세호는 원가정에서 정서적 안정과 애착 경험이 부족했으나, 학교와 지역사회가 돌봄·관계·경험을 통해 안정적 애착 형성과 신뢰 관계 회복을 돕는 역할을 했다.

동료 슈퍼비전

1 상황에 따라서는 원가족 분리와 시설 입소가 대상 학생의 문제 개선에 도움이 됨을 보여주는 사례이다.

2 가족 간 정서적 교류가 부족함으로 인해 가족 유대 관계 약화, 자녀들의 인

지능력 저하, 무기력 증상 등이 함께 나타나고 있어 가정 내에서 긍정적 상호작용을 경험할 수 있는 가족 활동 지원이 필요해 보인다.

3 학생 맞춤형 프로그램을 계획하고 운영한 부분이 학생의 진로 설정과 자기 효능감 증진에 도움이 되었다.

좀 더 알아보기

1 이 사례에서 원가정이 제대로 기능할 수 있도록 지지해 주는 것과 아동 분리 조치 중 어떤 방법으로 개입하는 것이 좋을지에 대하여 생각해 봅시다.

2 특수교육 대상 학생 선정 기준과 절차, 지원받을 수 있는 내용에 대해 알아봅시다.

3 청소년쉼터의 개념 및 종류, 입·퇴소 절차에 대해서 알아보고, 우리 지역의 청소년 쉼터를 찾아봅시다.

참고문헌

최옥채·박미은·서미경·전석균(2024). **인간행동과 사회환경**(pp. 255-258). 경기 : 양서원.

최지희(2013). 애착이론에 근거한 대인관계 증진 집단예술치료 프로그램 개발 연구: 청소년을 대상으로(pp. 5-6). 한양대학교 교육대학원 석사학위논문.

홍봉선·남미애(2019). **청소년복지론**(제5판)(pp. 285-286). 경기 : 공동체.

Chapter

04

회복과 성장 지원

1. 함께 키워가는 소원 꿈나무
   후천적 장애학생의 강점 찾기를 통한
   진로 탐색 지원 사례

2. 온(ALL) 마을의 온(溫) 마음을 담아,
   행복한 성장을 응원하며
   의료 자원 연계를 통한 위기 학생 지원 사례

1

함께 키워가는 소원 꿈나무

후천적 장애학생의 강점 찾기를 통한 진로 탐색 지원 사례

민찬이의 가정환경과 생활

민찬이는 어릴 때 부모가 이혼해 할머니, 아버지와 셋이 살고 있는 한부모가정의 학생이다. 아버지는 이혼 등을 겪으며 분노조절장애, 심리적인 부적응으로 수년 동안 취업을 하지 못하다가 얼마 전부터 새로운 일을 하기 시작했다. 할머니는 주택, 상가 등 리모델링 관련 일을 하는 일용직 근로자인데 할머니의 수입으로 살림을 꾸려가고 있는 듯했다.

민찬이는 평소 내성적인 성격으로 말수가 적고 온순한 편이며, 컴퓨터 게임을 함께하는 친구들 몇 명하고만 친하게 지낸다. 어릴 때부터 할머니와 살아서 그런지 대화를 해보면 또래 학생들에 비해 속이 깊고, 어른스러울 정도로 다른 사람의 입장을 잘 헤아리는 편이다. 또한 자신을 잘 이해해 준다고 믿는 몇 명의 선생님들에게는 붙임성 있게 잘 따르기도 한다.

하지만 학습이 부진하고 무기력해 수업 시간에 엎드려 잘 때가 많아 교과 선생님들도 거의 다 민찬이를 알고 있는 편이다. 민찬이의 취미는 자전거를 타는 것이었는데 다리를 수술한 이후에는 대부분의 시간을 컴퓨터 게임을 하며 지낸다고 했다.

갑자기 찾아온 질병과 이사에 따른 경제적 어려움

민찬이는 초등학교 고학년 때 어느 날, 자전거를 타다가 갑자기 쓰러져 가까운 병원에 가게 되었다. 병원에서 더 큰 병원에 가서 정밀검사를 받아 볼 것을 권유해 종합병원에 가서 진료를 받았는데 한쪽 무릎에 골육종이 발견되어 수술을 하게 되었다.

수술한 후 교내에서 계단을 오르내리지 못해 엘리베이터로 이동해야만 했고, 민찬이가 좋아하던 자전거는 더 이상 탈 수 없게 되었으며, '지체장애' 진단까지 받게 되었다.

골육종 진단을 받은 이후 암 보험금을 수령하게 되었는데 민찬이가 부모님에게 다른 친구들처럼 자신도 아파트에서 살아보고 싶다고 해 학교 앞에 있는 아파트로 이사를 했다. 이사 후 실제 소득은 낮은데도 불구하고 이사한 집 때문에 매달 받아오던 수급비를 받지 못하게 되었다.

갑자기 찾아온 질병으로 다른 학생들 같았으면 적잖이 문제행동을 보이기도 했을 텐데 민찬이는 평소 성격대로 제대로 표현도 못하고 교실에서 있는 듯 없는 듯 조용히 학교생활을 하고 있었다. 모든 교과 선생님들이 민찬이를 알고 있을 정도로 수업 시간 대부분 엎드려 잘 때가 많았고, 가끔씩 대화할 때 무심코 던지는 체념적인 말투 속에서 민찬이가 얼마나 힘들고 큰 상실감을 느끼는지 알 수 있을 것 같았다.

미술작품에서 발견한 민찬이의 소원

어느 날, 민찬이의 교실에 볼일이 있어 들렀는데 그곳에서 '나의 소원나무'라는 미술작품을 보게 되었다. '나의 소원나무'에는 학생들 저마다의 크고 작은 다양한 소원들이 주렁주렁 걸려있었는데, 유독 민찬이의 작품에는 '자전거를 마음껏 타고 싶어요'라는 단 하나의 소원만이 걸려있었다.

그걸 보는 순간, '누구에게는 여러 소원 중 하나일 수 있는 것이 또 다른 누구에게는 그야말로 절실한 단 하나의 소원이 될 수도 있겠구나!'라는 생각이 들었다. 그런 생각을 하니 마음이 찡~하면서 그 '소원나무'를 복지실로 가져오고 싶다는 생각이 들었다.

민찬이와 담임선생님의 허락을 받아 그 '소원나무'는 복지실로 오게 되었다. 나는 '소원나무'를 들여다보며 민찬이를 위해 할 수 있는 일이 무엇일까 고민하게 되었다.

민찬이의 소질을 계발하기 위한 외부 기관 꿈 장학금 연계

그 일 이후 민찬이를 포함해 네 명의 학생들과 사제동행 목공체험을 하게 되었는데, 그날 체험을 통해 민찬이가 목공에 소질이 있다는 것을 새롭게 알게 되었다. 목공방 선생님도 민찬이가 적당히 힘도 있고, 또래 학생들에 비해 끈기도 있는 거 같아 목공을 배워보면 좋을 거 같다고 했다.

사제동행 목공체험이 끝난 후 외부 기관 장학금을 연계해 보아야겠다고 마음먹고 장학금과 관련된 공문을 검색해 보았다. 다행히 민찬이를 추천해 볼 수 있는 꿈 장학금이 있어 신청서를 제출했는데, 선정되어 연간 180만 원의 꿈 장학금을 받게 되었다. 꿈 장학금은 내가 멘토가 되어 민찬이를 정서적으로 지지하고 응원하며, 함께 꿈을 찾아가는 진로 탐색 활동 지원 장학금이다.

장학생으로 선정된 후 민찬이와 함께 어떤 활동을 하면 좋을지 상의한 결과, 사제동행 때 했던 목공교육을 좀 더 체계적으로 배워보기로 했다. 그래서 목공방 선생님과 셋이 만나 목공교육에 대한 세부사항을 협의한 후 목공교육을 시작했다.

교육은 주말을 이용해 토요일에 하기로 하고, 집에서 목공방까지 왕복 이동은 보호자가 인솔하되 부득이한 경우 목공방 선생님과 내가 지원해 주기로 했다.

교육이 진행되면서 이런저런 이유로 아버지가 인솔하지 못하는 날이 점차 늘어났는데 그럴 때마다 나와 목공방 선생님이 서로 번갈아 가며 학생 인솔을 도왔다.

또한 목공방 선생님은 장애를 가진 아들을 키우고 있기에 민찬이의 상황을 누구보다 잘 이해하고 있어 때로는 아들처럼, 혹은 친구처럼 서로 잘 소통하며 교육을 성공적으로 마치는 데 큰 도움을 주었다.

목공 진로 탐색 활동이 가져온 학생의 변화

목공의 기초부터 배우고 익혀 마침내 마지막 과정인 자유작품으로 5단 서랍장을 완성할 무렵 학교 축제가 있었는데, 그때 민찬이의 작품을 전시하게 되었다.

작품은 1층 중앙현관 입구에 전시되었는데 축제 기간 동안 그곳을 오가는 많은 학생들, 선생님의 칭찬과 부러움을 한 몸에 받으며 민찬이는 어깨가 으쓱해졌고 오랜만에 자신감과 성취감을 느낄 수 있었다.

담임선생님을 비롯해 많은 교과 선생님들도 수업 시간에 거의 엎드려 잘 때가 많아 잘 몰랐는데 민찬이가 목공 쪽에 재능이 있었는지 몰랐다고 하면서 칭찬을 아끼지 않았다. 또한 올해 들어 민찬이가 전보다 많이 밝아져 마치 다른 학생이 된 거 같다고도 하였다.

내가 보기에도 민찬이가 학기 초에 비해 말수도 많이 늘었고, 표정도 훨씬 더 생기 있어진 것 같았다.

중학교에 입학해 2년이라는 기간을 의기소침하게 웅크리며 지냈던 민찬이는 나와 함께한 꿈 진로 탐색 활동을 통해 자신도 잘할 수 있는 일이 있다는 것을 새롭게 알게 되었다.

졸업에 따른 진로 고민

어느덧 3학년 후반에 접어들어 고등학교 진학을 앞두고 진로를 결정해야 하는 시간이 다가왔다. 나는 민찬이에게 학습에 큰 관심이 없으면 인문계 고등학교보다 공고에 진학해 목공을 좀 더 체계적으로 배워 국가자격증까지 취득하는 게 어떠냐고 권유해 보았다.

담임선생님도 고등학교에 가서도 중학교에서처럼 학습에 흥미가 없으면 3년이라는 시간이 너무 아까우니 자격증을 취득하고 기술을 배워 남들보다 먼저 취업을 하거나 창업을 하는 것도 괜찮은 진로 선택이라고 하였다. 그러나 민찬이는 다리가 불편해서 그런지 집에서 가까운 인문계 고등학교를 가겠다고 했다.

나와 담임선생님은 조금 아쉬운 감은 있었지만 민찬이가 보행이 불편한데다 가족들이 매일 등하교를 해주기도 어려운 상황이라 가까운 학교에 가고 싶어 하는 민찬이의 입장이 이해되기도 했다. 또한 "설마 고등학교 3년 내내 잠만 자겠어요?"라는 민찬이의 말에 고등학교에 가면 조금 변화할 수 있지 않을까 하는 의지도 있는 것 같아 의견을 존중하고 응원을 보내기로 했다.

고등학교 진학과 사례 종결

민찬이는 우리 학교 바로 옆에 있는 사립 인문계 고등학교에 진학했다. 민찬이의 성적으로는 입학이 어려웠을 텐데 특수반 학생이어서 가능했던 것 같다.

고등학교에 진학한 후에도 야간 자율학습 시간에 종종 교육복지실에 찾아오곤 했다. 자습시간에 빠져도 될 만큼 학생 지도 관리가 허술한 학교는 아닌데 이런 점으로 보아 고등학교에 가서도 여전히 학습에 큰 관심이 없는 것 같았다. 선생님들 또한 학습에 큰 기대를 걸지 않으니 야간 자율학습에 참여하지 않아도 허용해 주고 있는 듯했다.

졸업 후에도 잊지 않고 찾아와 주는 건 반갑고 고마운 일이지만, 그럴 때마다 자신의 학습능력 등을 고려하지 않고 집에서 가깝다는 이유만으로 인문계를 선택한 민찬이의 진로 결정에 못내 아쉬운 마음이 들었다.

그래도 돌이켜 생각해 보면 민찬이가 중학교 때 진로 탐색 활동을 통해 얻은 성취 경험이 앞으로 인생을 살아가는 데 있어 아주 작은 희망의 씨앗이 될 수 있기를 바라며 응원했다.

개입의 초점

1 **후천적 장애학생의 신체적·심리적 어려움 이해**

후천적으로 장애를 갖게 된 학생이 겪을 수 있는 신체적 불편과 심리적인 어려움에 대해 이해하고, 관심을 기울였다.

2 **학생의 강점을 찾고 강점을 반영한 주변 자원 연계**

사제동행 체험학습을 통해 학생이 목공 분야에 재능이 있는 것을 발견하였고, 목공방과 연계하여 진로 탐색 기회를 제공했다.

3 **진로 탐색 활동 계획 수립 및 운영으로 학생 역량 강화**

목공의 기초를 배우고 익힐 수 있도록 활동 계획을 수립하고, 학생이 교육과정을 끝까지 수행하여 역량을 강화할 수 있도록 조력했다.

개념 및 이론 TIP

1 역량강화모델(Empowerment Model)

- **개념** : 1970년대 체스탕(Chestang), 솔로몬(Solo-mon) 등의 학자에 의해서 개발된 모델이다. 역량강화는 사전적으로 힘이나 권위·권한을 주는 것, 가능하게 해주는 것으로 '개인이나 집단이 상대적으로 무기력한 상태에서 힘을 가진 상태로 이동해 나가는 것'을 의미한다. 즉, 클라이언트를 문제 중심이 아닌 강점 관점으로 보고, 잠재력 및 자원을 인정하며 건강한 삶을 살 수 있도록 역량을 강화시키고 권한을 부여하는 것으로 활용된다(Sheafor & Horejsi, 1997, 최세영, 2022 재인용).

- **사례 적용** : 후천적 장애로 인해 무기력하게 학교생활을 하던 학생과 사제동행 체험활동을 하던 중 학생이 목공 분야에 재능이 있다는 강점을 발견하고, 지역 내 목공방과 연계해 체계적인 진로 탐색 활동을 할 수 있도록 교육 기회를 제공했다. 학생, 가정, 학교, 목공방과 동반자 관계를 형성하여 학생이 목공 교육 과정을 잘 마칠 수 있도록 조력한 결과, 학생의 변화와 성장은 물론 역량을 강화할 수 있었다.

동료 슈퍼비전

1 후천적 장애를 갖게 된 학생이 겪고 있는 무력감, 좌절 등 심리 상태를 면밀히 살펴 멘토 활동을 통해 정서적으로 지지와 격려를 보내준 점이 돋보인다.

2 장애학생이 현재의 상황에서 잘할 수 있는 강점을 발견하여 진로 탐색 활동으로 연결해 성취감과 자신감을 느낄 수 있는 교육 기회를 제공한 점이 매우 효과적이다.

3 학생, 교육복지사, 외부 전문가 협의를 통해 목공 진로 탐색 활동을 체계적으로 수립하였으며, 학생이 교육과정을 끝까지 수행할 수 있도록 물심양면으로 조력한 점이 돋보인다.

좀 더 알아보기

1 후천적 장애를 갖게 된 학생이 겪을 수 있는 심리적 어려움에 대해 알아봅시다.

2 아래 제시한 개입 과정에 따라 이 사례를 분석하여 정리해 봅시다.

- **대화 단계(알아가기)** : 클라이언트가 경험하는 문제, 욕구에 따른 방향

설정 및 목표 설정해 보기

- **발견 단계(가능성 발견)** : 클라이언트의 강점 찾기, 주변에 있는 자원 역량 사정 및 역량 사정을 바탕으로 바람직한 결과를 가져오기 위한 계획 수립해 보기
- **발전 단계** : 클라이언트의 문제해결을 위한 자원 활성화 방안에 대해 알아보기, 성공의 확인을 어떻게 측정하고 평가할지 생각해 보기

참고문헌

최세영(2022). **사회복지실천기술론**(pp. 118-140). 경기 : 도서출판 어가.

2

온(ALL) 마을의 온(溫) 마음을 담아, 행복한 성장을 응원하며

의료 자원 연계를 통한 위기 학생 지원 사례

상위학교 진학으로 인한 사례 이관과 학생 이해하기

학교에서 1, 2월은 학년을 마무리하는 겨울방학이라 상대적으로 여유로울 것이라 생각되지만, 교육복지사에게는 지난 학년도 자료를 정리하고 새로 시작할 학년도를 준비하는, 여전히 바쁜 일상의 연속이다. 이 기간에 꼭 빠지지 않고 해야 할 일이 있는데, 바로 졸업 후 상위학교로 진학할 학생들의 현황을 파악해 해당 학교의 교육복지사에게 전달하고 새로 입학하는 학생들에 대한 정보를 수집하는 일이다. 사실 학생들의 현황을 파악하는 일은 일 년 내내 진행되는 업무이지만, 새 학년도가 시작됨과 동시에 신입생들의 빠른 학교 적응을 위해 담임교사와 협업하여 겨울방학부터 이런 업무들을 시작하고 있다.

소진이와의 만남은 코로나19가 한창이던 겨울방학, 교육복지실로 걸려 온 한 통의 전화로 시작되었다. 소진이는 교육복지사가 배치된 초등학교에서 진학한 학생으로, 부모님의 이혼으로 어려서부터 아버지와 함께 단둘이 지내고 있는 학생이다. 아버지의 건강상 어려움으로 경제활동이 원활하지 못해 수급비에 의지하여 생활하는 형편이었지만 늘 밝고 씩씩한 모습으로 학교생활에 열심히 참여하고 있으며, 특히 또래 관계가 좋아 항상 친구들에게 둘러싸여 지내는 인기 많은 학생이다.

이런 소진이가 가장 신경 쓰는 부분은 바로 외사시이다. 유아기 대학병원에서 진단받았을 당시 심각한 상황이 아니어서 성장하는 모습을 지켜보며 치료를 진행해도 괜찮을 것 같다는 담당 의사의 소견에 따라 학생의 아버지는 매년 학기 초, 담임교사와의 면담을 통해 학생의 상황을 전달하며 이해와 관심을 부탁하였고, 그렇게 담임교사의 보호 아래 학교생활에 잘 적응해 왔다.

그러던 어느 해, 미처 담임교사와의 면담이 진행되지 않았던 학기 초에 소진이는 담임교사로부터 "수업에 왜 집중하지 못하니? 앞을 똑바로 바라봐야지."라는 지적을 받게 되었다. 당시 소진이는 어리기도 했고 많이 당황하여 제대로 자신의 상황을 설명하지 못하였고 이후 부쩍 외사시가 심해져 현재는 누가 보아도 소진이의 외사시가 눈에 뜨일 정도가 되었다.

당시 담당 교육복지사는 이러한 소진이의 상황을 전해 듣고 외사시 교정수술을 권해보았다고 한다. 평소 친구들과 어울리기 좋아하고 친구들 앞에서 춤추며 노래하는 것을 좋아했던 소진이었기에 외사시가 또래 관계에서 약점으로 작용할 수 있을 것을 우려하여 권하였는데 소진이 역시 교정수술을 받고 싶어 하였지만, 소진이의 아버지는 왠지 반기지 않았다.

소진이의 아버지는 기술직으로 근무하며 가정을 꾸렸으나 건강상의 어려움으로 점점 경제활동이 어려워졌다고 한다. 이러한 상황에서 배우자와의 갈등이 심해지며 이혼에 이르기까지 잦은 다툼이 반복되었다. 이 때문에 장시간 스트레스 상황에 놓이게 되며 신체적·심리적 어려움으로 점점 우울과 고립감을 느끼게 되어 신경정신과 치료도 병행하게 되었다.

현재 소진이의 아버지는 단기 아르바이트 외의 경제활동이 어려운 상황이며 대부분의 오전 시간은 우울증약 복용 등으로 인한 졸음과 기억력 감퇴 등의 증상으로 일상생활 유지가 어렵다고 한다. 하지만 오후 시간에는 최대한 자녀 양육에 신경을 쓰려고 노력하고 있으며, 자립의 의지 또한 높은 편이라 드림스타트에서는 지역 자활센터와 연계하여 자활을 돕고 있고 아버지도 이에 열심히 참여하였다. 하지만 이러한 노력에도 불구하고 코로나19로 인하여 재취업의 기회를 여러 차례 상실하게 되며 우울과 무기력은 점점 더 심화되었다. 하지만 여전히 소진이의 아버지는 스스로의 힘으로 소진이의 외사시 교정수술을 지원하고자 하는 의지를 보이고 있으며 재취업을 위한 노력을 중단하지 않고 있었다.

관계 맺기, 안전망 구축을 위한 초석 다지기

초등학교 교육복지실로부터 소진이의 상황을 전해 들은 후, 가장 먼저 학생의 주 사례관리자였던 드림스타트 사례관리자를 만나 학생과 가정에 대한 정보를 수집하였고, 학급 배정 후에는 담임교사를 통해 학생이 학교생활에 잘 적응할 수 있도록 지속적인 관찰을 하였다. 걱정과 달리 1학기 중반까지 소진이는 큰 어려움 없이 중학교 생활에 잘 적응하였고 또래 친구들과도 좋은 관계를 유지하였다.

다음으로는 소진이의 아버지와 관계 형성을 위해 노력하였다.

초등학교 교육복지사를 통하여 동의를 얻어 연락을 시작하였고 종종 학교생활에 잘 적응하고 있는 모습이나 담임교사를 통해 들은 학교에서의 소진이의 일상 등을 나누며 아버지와의 관계도 조금씩 가까워지게 되었다.

또한 담임교사를 통하여 소진이가 아침식사를 잘 못하고 학교에 오는 것을 파악하여 조식 지원을 연계하였고, 낙인감 없이 지원받을 수 있도록 평소 친하게 지내는 친구와 함께 조식을 이용할 수 있도록 하였다. 아침식사를 하는 동안 간단한 안부를 묻거나 소진이에게 있었던 이슈 등을 확인하며 학생의 일상을 점검할 수 있었다.

위기상황을 발판으로 성장으로 나아가기

그렇게 중학교 생활에 잘 적응하던 중 갑작스러운 일이 발생했다. 어느 날부턴가 소진이의 얼굴이 어둡고 말수가 줄어든 것 같다고 생각할 무렵, 담임교사가 학생이 당한 언어폭력에 대해 알려주며 어떻게 하면 좋을지 상의를 해왔다.

사건은 요즘 아이들 사이에서 유행하는 SNS를 통해 시작되었다. 친구들과 함께 찍어 올린 영상에 부정적인 댓글이 달리기 시작한 것이다. 그 댓글 중에는 '눈**'이라는 등의 소진이를 비하하는 표현이 담겨 있었다고 한다. 이를 본 소진이는 부쩍 우울하고 어두운 표정을 짓는 일이 많아졌으며 주변 친구들과도 단절한 채, 홀로 시간을 보내려고 하는 등의 급격히 변화된 모습을 보였다.

이에 학교에서는 학생을 돕기 위한 사례회의가 진행되었다. 학생과의 소통은 지금까지와 동일하게 담임교사 중심으로 진행하고, Wee클래스에서는 학생을 대상으로 상담을 통해 마음을 위로하고 보듬는 활동을 진행하였다. 그리고 교육복지실에서는 소진이의 아버지를 설득하여 다시 한번 외사시 교정수술을 진행하는 것을 권하였고, 동시에 지원이 가능한 지역사회 자원을 파악해 보았다. 다행히 실명예방재단에서 진행하는 의료비 지원사업 대상자로 선정되어 검사비 및 수술비를 200만 원 지원받게 되었고, 또 지역에서 활동하는 독지가를 통해 개인 후원으로 200만 원을 더 지원받게 되었다. 물론 400만 원으로는 아직 부족한 부분이 있었지만,[1] 소진이의 아버지 역시 어떻게든 스스로 병원비를 부담해 보겠다며 아르바이트 활동을 늘리는 등 적극적으로 함께하였고 여름방학 동안 무사히 수술을 마칠 수 있었다.

개학 후 다시 만난 소진이는 한결 더 밝고 씩씩한 모습이었다. 어려운 상황에서 자신을 위해 노력하는 아버지와 도움을 주는 주변 사람들에게 고마운 마음을 잊지 않고 꼭 좋은 어른이 되어 갚겠다는 당찬 포부도 전해주었다. 소진이의 아버지 역시 그때부터 지금까지 계속 꾸준히 경제활동을 이어오며 병원비를 갚아나가고 있고 소진이를 조금 더 잘 돌볼 수 있도록 힘내보겠다는 의지를 전해왔다.

학교사회복지를 실천하며 가장 많이 듣는 말이 "한 아이를 키우기 위해 온 마을이 필요하다."라는 인디언 속담인데, 정말

1 외사시 교정수술 비용은 교정이 필요한 근육의 수에 따라 정해진다. 소진이의 경우, 수술비용만 560만 원이 나왔고 사전검사비용을 포함한 진료비, 입원비, 약제비, 통원비까지 포함하면 비용 부담은 훨씬 늘어난다.

우리 교육복지사는 학생을 지원하고 건강하게 성장시키기 위해 온 마을의 힘을 끌어내는 일을 하고 있다는 생각이 든다. 좋은 어른, 좋은 이웃, 좋은 학교, 좋은 교사가 없었다면 소진이는 지금 어떤 아이로 성장하였을까? 내일은 또 어떤 학생을 만나 어떤 마을의 힘을 모을 수 있을지 매일매일이 기대되는 교육사회복지사의 일상이다.

개입의 초점

1 학교 간 협력을 통한 지속적인 사례관리

해당 학생은 교육복지우선지원사업 지정학교에서 사례관리를 받던 학생으로 지속적인 관찰이 필요하다고 판단되어 당사자들의 동의를 거쳐 진학 학교 교육복지실로 사례가 이관되었다. 이전 학교를 통해 사전에 학생의 특징과 가정 현황 등을 파악할 수 있었고 교내외 협력체계를 구축하여 지속적인 관찰을 통해 위기상황 발생 시 즉각적으로 개입하여 이를 해결할 수 있도록 진행하였다.

2 학생의 위기개입을 위한 학교-가정-지역사회가 함께 안전망 구축을 위해 노력

복합적 어려움을 가진 학생을 지원하기 위한 학교와 가정, 지역사회가 함께 참여하는 협력체계를 구축하고 지속적인 소통을 통해 위기상황 발생 시 즉각적으로 대처할 수 있도록 하였다. 또한 각 기관이 가진 다양한 정보와 지역사회 자원을 공유하고 적재적소에 활용할 수 있도록 협력하였다. 여기에서 교육복지사는 이러한 소통이 원활할 수 있도록 소통을 돕고, 중재하는 등의 역할을 하였다.

개념 및 이론 TIP

1 위기개입모델

- **개념** : 갑작스런 생활상의 사건으로 고통의 감정을 일시적으로 경험하고 이로 인해 압도당하거나, 발달 과정에서 유발되는 스트레스로 인해 일상생활 수행에 어려움이 발생하는 경우 이에 대처할 능력과 자원이 부족하

여 문제가 생기는 사람들을 돕기 위한 모델이다(이영실 외, 2020).

- **사례 적용** : 학생이 언어폭력으로 어려움을 겪을 때 즉각적인 개입이 이루어졌고 교내 다양한 구성원이 함께 협업 ·지원하여 문제를 해결하고자 노력하였다.

2 사회적 지지망 모델

- **개념** : 사회적 지지는 가족, 친구뿐만 아니라 개인 주변의 인간관계에서 얻을 수 있는 긍정적인 자원으로 인간관계 속에서 정서적 지지와 정보 등을 주고받는 상호작용을 통해 인간의 다양한 욕구와 스트레스를 극복하는 데 도움을 주는 것을 말한다(장덕희 외, 2024).
- **사례 적용** : 학생의 어려움 극복을 위해 초등학교 교육복지사, 담임교사, 실명예방재단(의료비 지원 사업), 지역의 독지가 등 다양한 지지체계가 함께 작용하여 지원하였고 학생의 회복과 학교 적응을 도왔다.

동료 슈퍼비전

1 지역의 정신건강복지센터와 연계한 대상 학생 아버지의 정신건강관리를 위한 모니터링(병원 정기진료, 복약관리 등)을 병행하면 도움이 될 것으로 판단된다.

2 교내 보건실 연계를 통한 학생의 건강 상태를 정기적으로 모니터링할 수 있다.

좀 더 알아보기

1. 이 사례 개입을 위한 사례회의 시, 교내외 조직 구성 및 역할에 대하여 알아봅시다.
2. 공공 및 민간 영역에서의 의료 자원을 찾아 목록화하여 봅시다.
3. 사회적 지지망 모델을 기반으로 한 학교 내 사회복지사의 역할에 대해 알아봅시다.

참고문헌

장덕희·김성준·김소희·김정기·김혜수·성준엽·엄혜련(2024). **현장기반 사례관리**(pp. 49-51). 경기 : 공동체.

이영실·오동록·김병·송운용·고은주·조명희·이찬영(2020). **사회복지실천기술론**(pp. 163-186). 서울 : 창지사.

PART 2

프로그램 운영 사례

1. 우리의 성장, 그 반짝이는 시간을 기록하다
초등학교 공동사업 「재능 더하기, 문화 나누기 작품전시회」

2. 가족 간 소통 및 유대감 회복을 위한 여행기
가족역량강화 공동사업 「우리 가족, 여기서 행복해!」

3. 마을이 키우고 마을을 키운 아이들의 성장 이야기
초·중등 공동사업 「살기 좋은 우리 동네 만들기」

1

우리의 성장, 그 반짝이는 시작을 기록하다

초등학교 공동사업 「재능 더하기, 문화 나누기 작품전시회」

전시의 시작, 세상과 마주하다

교육복지우선지원사업 지정학교에서는 아이들이 자신만의 색깔을 표현하고 재능을 발휘할 수 있도록 다양한 예술 프로그램을 운영하고 있었다. 그러나 아이들의 성장이 담긴 결과물이 학교 안에만 머무르기에는 늘 아쉬움이 컸다.

학교별 미술작품, 공예작품, 캘리그라피 작품 등 프로그램을 통해 나온 작품들은 아이들이 만들었다고 하기엔 믿기 어려울 정도로 완성도가 높았다. 이 작품들을 '우리만 보기엔 아깝다'는 생각이 들었고, 아이들의 성장을 더 많은 사람들과 나누고 싶었다. 그렇게 우리의 전시회가 시작되었다.

우선 3개교가 협력하여 명화, 아크릴화 등 그림 중심의 작품

전시회를 시작하기로 하였다. 그러나 외부 전시장 섭외는 쉽지 않았다. 초등학생 전시라는 이유로 난색을 표하는 곳도 있었기 때문이다. 다행히 코로나19 여파로 일정이 비어 있던 지역교육청 산하의 갤러리에서 전시 기회를 얻게 되었고, 1년간 정성 들여 만든 학생들의 작품을 세상에 처음 선보이게 되었다.

작은 시작이 모여 큰 감동으로

전시회는 성공적이었다. 학교, 학생, 학부모, 그리고 다른 학교 교육복지사들도 아이들의 작품에 감탄을 내뱉었다. "정말 아이들이 그린 게 맞나요?"라며 입을 모았고, 다른 학교에서도 전시 취지를 공감하며 참여 의사를 밝혔다.

그렇게 4개 학교가 더 합류하면서, 2022년부터는 7개 학교가 함께하는 공동 전시회로 확대되었다. 전시의 형태도 다양해졌다. 그림뿐 아니라 예술 공예, 가죽공예, 캘리그라피, 패브릭 소품 등 다양한 예술 영역이 포함되었고, 전시 구성은 더욱 풍성해졌다.

두 번째 전시를 시작하며 학생들이 만든 공예 작품 일부를 지역사회에 기부하기도 하였다. 베개커버, 천연화장품, 가죽 가방 등 실생활에 사용할 수 있는 창작물을 복지기관에 전달하며,

아이에게 '나눔'의 가치를 배울 수 있는 기회도 마련하게 되었다. 작품 활동이 단순한 자기표현을 넘어 지역과 나누는 계기로 확장된 것이다.

그리고 KBS 뉴스에서도 취재를 나왔다. 담당 교육복지사와 학생 인터뷰가 저녁 뉴스 시간에 방송되며 전시회는 더욱 빛났다. 취재 기자는 의미 있는 행사로 연말이 더 따뜻해졌다며, 내년에도 전시회를 하면 취재를 온다고 하였고, 그 약속은 지켜졌다.

자기를 사랑하는 대견한 우리의 노력, 회심의 작품을 자랑하다

작품 앞에 선 아이들은 그날만큼은 누구보다 빛나는 '작가'였다. 아이들의 작품마다 '○○○ 작가'라는 이름표가 붙었고, 아이들은 "제가 작가예요?"라며 쑥스러워하면서도 뿌듯한 미소를 지었다. 전시장 입구 앞에는 아이들의 활동 모습을 영상으로 만들어 상영했다. 영상 속 자신의 모습을 보며 웃음 짓는 아이들, 그리고 친구에게 작품을 설명하는 당당한 모습에서 우리는 아이들의 눈에 담긴 자긍심과 자신감을 확인할 수 있었다.

전시회가 감동적인 이유는 전시회를 준비하면서 아이들의 변화를 볼 수 있었기 때문이다. 한 학생은 평소 교실에서는 단 한마디도 하지 않던, 선택적 함구증을 가진 아이였다. 말은 없었지만 그림 그리기를 좋아했고, 2~3년간 한 번도 빠지지 않고 미술 활동에 참여했다. 시간이 지나면서 작품에는 감정이 묻어나기 시작했고, 실력도 눈에 띄게 성장했다. 졸업을 앞두고는 조심스럽게 웃고, 말을 건네는 변화를 보여주었다. 그림을 통해 마음을 표현하고, 세상과 조금씩 연결되어 가는 그 모습이 참 대견했다.

또 다른 아이는 학교에 오는 이유가 "그림을 그리기 위해서"라고 말하기도 했다. 학교는 친구도 없고, 공부도 재미없었지만, 그림을 그리는 시간만큼은 마음이 편안해진다고 했다. 전시회를 준비하며, 이 아이에게는 그림이 마음을 치유하고 스스로를 돌아보는 시간이었겠다는 생각이 들었다. 그래서 그 아이의 작품이 전시되었을 때, 그 감동은 더욱 가슴 벅차게 다가왔다.

팝아트 작품에 참여한 한 아이는 처음엔 집중력이 부족해 잠시 앉아 있는 것조차 힘들어 작은 캔버스에서 조심스레 시작했다. 하지만 계절이 바뀌고 해가 지날수록, 더 큰 캔버스 앞에서 한 학기, 혹은 1년 내내 몰입하며 작품을 완성해 냈다. 그 과정에서 아이는 성취의 기쁨을 맛보고, 집중력도 눈에 띄게 자라났다. 작품을 완성한 뒤에는 또 다른 구성을 스스로 고민하며, 그 경험을 발판 삼아 새로운 도전에 나섰다. 그 모든 변화를 곁에서 지켜보는 것만으로도 가슴 깊이 뿌듯함이 밀려왔다.

전시회는 평소 주목받기 어려웠던 아이들조차 당당히 자신의 결과물 앞에 설 수 있는 자리가 되었고, 아이들은 자랑스러운 주인공인 된 것이다. 이렇게 전시회는 단순한 활동의 결과물이 아닌 스스로를 사랑하고 인정받는 경험의 장이 되었고, 그 안에서 아이들의 성취감과 자긍심은 높아져 갔다.

함께 운영하고, 함께 성장하다

전시회는 모두 처음 시도하는 새로운 프로젝트였다. 1년에 한 번뿐이었지만, 체계적인 준비와 학교 간의 의견조율 등 촘촘한 계획이 필요했다. 돌아보면 할 일이 정말 많았다. 총괄 계획서 작성, 전시장 섭외, 작품 구성과 배치, 포스터와 현수막 제작, 오픈식 등 전시와 관련된 모든 준비 단계가 만만치 않았다. 매년 새롭게 추가되는 진행 구성까지 고려하면, 혼자서는 해낼 수 없는 일들이었다.

먼저 필수 업무를 나열하고 역할을 나누었다. 전체 운영을 총괄하는 담당자는 기획과 결과 보고, 회의 소집과 기록을 맡았다. 홍보팀은 전시장 섭외부터 현수막, 보도자료, 도록·초대장 제작, 홍보 영상 기록까지 전반적인 홍보 업무를 담당했다. 전시장 세팅 인력 구성과 업체 선정, 오픈식 준비와 사회 진행, 시나리오 작성 등의 역할도 세분화했다. 7명의 학교 담당자는 각자 맡은 일을 준비하고, 진행 상황을 공유하며 수정·보완해 나갔다.

물론 순탄하지만은 않았다. 담당자 간 이견이 생기기도 하고, 학교별 작품 수가 달라 전시 공간을 균등하게 나누는 과정에서 갈등이 발생하기도 했다. 도록을 처음 제작하면서 부수 결정, 예산 배분 등 예기치 못한 문제도 이어졌다. 그러나 모두가 전시회의 성공을 목표로 삼으며 조금씩 양보하고 배려했다. 그 과정에서 서로에 대한 이해가 깊어졌고, 협력의 힘도 단단해졌다.

처음 시작하는 일이라 걱정이 함께 찾아왔었다. 어떤 결과가 나올지 알 수 없었기 때문이다. 그러나 잘된 점도, 부족했던 점도 모두 교육복지사로서 성장하는 데 큰 도움이 되었다. 새로운 일에 대한 도전, 익숙한 프로그램 속에서도 느껴지는 새로운 환기와 설렘, '처음'이라는 걱정을 떨치고 함께 만들어 간 협력의 가치와 보람이 교육복지사에게 더욱 크게 다가왔다. 그렇게 담당자들도 함께 성장하고 있었다.

우리의 전시회는 계속 될 것이다

2021년에 시작된 전시회는 이제 다섯 번째를 앞두고 있다. 매년 기획 회의에서 "올해는 아이들의 성장을 어떻게 더 잘 보여줄 수 있을까?"를 고민한다. 그 고민은 전시장에서 당당히 서 있는 아이들의 모습을 보는 순간, 뿌듯함으로 바뀐다. 전시회는 단순히 작품을 나열하는 자리가 아니다. 그것은 아이들의 가능성을 사회와 이어주는 장이자, 교육복지사들의 협력을 지속시키는 원동력이다.

이제는 매년 전시회를 기다리는 마음이 설렘으로 가득하다. 그 사이 아이들은 얼마나 성장했을까, 또 어떤 멋진 작품이 탄생할까. 지금 이 순간에도 전시회를 준비하는 아이들의 모습이 눈앞에 그려진다. 아이들의 꿈과 성장을 보여줄 기회가 더 많아지길 바라며, 오늘도 아이들과 담당자들은 함께 행복한 꿈을 키워가고 있다.

✩ 프로그램 개요

프로그램명	「재능 +, 문화 ÷ 작품전시회」	
함께한 사람들	교육복지우선지원사업 지정학교(초등 7개교)	
시작의 동기	- 학생의 성장 가능성을 알리고 공유하고자 시작 - 개인의 재능을 지역사회와 나누며, 나눔 문화를 확산하기 위한 취지로 운영	
운영 과정	2021년	- 3개 초등학교 참여, 그림 작품 전시(약 80점) - 지역교육청 산하 갤러리에서 2주간 전시 진행 - 전시 참여 학생 관람 및 이벤트(꽃다발 증정) 실시
	2022년	- 7개 초등학교로 확대, 그림·공예 작품 전시 - 학교별 특색 프로그램 운영 결과물 작품 전시 (명화, 아크릴화, 캘리그라피, 보타니컬아트, 다육공예, 생태공예, 종이공예 등) - 생활소품(베개커버, 냄비받침, 파우치, 천연화장품 등) 제작 및 지역사회 기부 - 전시회 관람 및 축하 이벤트 공동 진행
	2023 ~ 2024년	- 7개 학교 특색사업으로 지속 운영 결정 - 참여 작가 이름 레터링 전시(학생 106명 참여) - 지역교육청의 적극적인 협조로 홍보 효과 극대화 (신문보도 19건, KBS 뉴스 1건) - 전문 업체 제작 홍보물(초대장, 포스터, 현수막, 도록 등) 활용 - 오픈식 공연 및 리본 커팅 행사 진행 - 전시회 영상 제작 및 학교별 상영 - 학교별 협력기관과 연계한 생활소품 제작 및 기부 시작
예산 집행	- 학교별 동일 예산 배정 후 역할에 따라 집행 - 일부 학교에서 집행 예산을 소진할 경우 타 학교에서 협조 지원	
고려할 점	- 담당자 역할 편중 방지를 위한 효율적 분담 필요 - 제한된 전시 공간에 따른 학교별 작품 수, 구획 조율 필요 - '전시를 위한 활동'이 아닌 학생 성장의 과정을 담는 활동 구성 중요 - 기부물품 중복 방지, 수량 균형 유지, 기부기관은 매년 순환 선정	
운영 효과	- 학생 성취감과 자긍심 고취, 개인의 내적 성장의 기회 확대 - 나눔의 가치 체득 및 교육적 효과 증대 - 지역 나눔, 언론 보도를 통한 지역사회 홍보 증대 및 사업 관심도 향상 - 학교 간 네트워크 강화 및 프로그램 질적 향상	

프로그램 활동 모습

2021년 전시회

2021년 전시회 팝아트&명화 그리기

2022년 전시회

2022년 전시회 팝아트&명화 그리기, 공예

2023년 전시회

2023년 전시회 팝아트&명화 그리기, 공예, 보타니컬

2024년 전시회

2024년 전시회 팝아트&명화 그리기

가족 간 소통 및 유대감 회복을 위한 여행기

가족역량강화 공동사업 「우리 가족, 여기서 행복해!」

우리가 한자리에 모인 이유

학교에서 매일 같이 많은 아이를 만나며 원하든 원하지 않든 알게 되는 아이들의 배경색이 있다. 바로 집 이야기이다. 지금부터는 아이들의 집, 더 깊이 말하자면 그 집에 살고 있는 가족들과 함께한 교육복지의 이야기를 해보려 한다.

교육복지사가 학생을 넘어 학부모에게 시선을 두는 이유는, 가족이라는 배경이 아이들에게 절대적인 영향을 미친다는 것을 알기 때문이다. 그래서 교육복지사의 관심은 학생에서 가족으로 자연스럽게 이어진다.

우리 아이들은 모두 다른 가족 형태 속에서 살아간다. 아버지 또는 어머니와 함께 사는 아이, 부모와 함께 생활하거나 조부모의 돌봄을 받고 자라는 아이도 있다. 때로는 가족과 떨어져 친척이나 형제자매끼리 생활하는 경우까지… 그 모습은 제각각이

지만 모든 아이들은 그 안에서 행복할 권리가 있고, 그들과 생활하는 가족들 모두가 우리 아이들의 건강한 성장과 미래에 영향을 줄 수 있는 소중한 사람들이다.

학부모 면담을 진행하다 보면 자녀 자체가 겪는 어려움보다는 가정의 경제적 형편이나 홀로 아이를 키우는 것에 대한 막연한 불안감을 호소하는 경우가 많다. 특히 "나는 아이를 잘 키우고 있는가"와 같은 고민은 대부분의 부모들이 공통적으로 가지고 있는 마음이었다. 이러한 고민을 접하면서, 우리 교육복지사들은 어떻게 이들을 도울 수 있을까에 대한 방법을 찾기 시작하였다.

우리는 무엇을 위해 천천히, 그러나 계속 앞으로 나아갔을까

오랜 시간 학교 현장에서 수많은 가족의 모습들을 지켜보며 깨닫게 된 것은, "안정된 가정환경이 아이들의 건강한 성장에 매우 중요한 영향을 끼친다"는 점이다.

우리가 만난 한 가정은 하루의 일과를 가족들과 공유하며 소통이 잘 이루어지는 모습을 보였지만, 또 어떤 가정은 각자의 바쁜 일정으로 대화가 단절된 모습을 보이기도 하였다. 때로는 부모나 자녀 중 어느 한쪽의 힘이 너무 강해 일방통행적 의사소통이 일어나는 모습을 보이기도 하였다.

이러한 다양한 가족의 모습을 보며 교육복지사들은 "가족의 힘을 키워야 건강한 소통이 가능하고, 그러한 가정 안에서 아이들의 행복이 자란다"는 공감대를 형성하게 되었다.

최근 학급 내 한부모 또는 조손가정의 비율이 크게 증가하면서, 가족 형태로 인한 낙인감을 느끼는 경우는 많이 줄었지만 우리가 이 프로그램을 시작하던 2010년 무렵만 해도 상황은 달랐다. 이혼이나 사별을 통한 한부모가정이나 부모의 경제·건강상의 이유로 인한 조손가정의 가족들은 바라보는 주변의 따가운 시선을 직면해야 했다. 당사자들 역시 이러한 사회적 분위기 탓에 양육에 대한 고민을 드러내거나 도움을 요청하지 못하고 가족 내부에만 묻어두고는 했다.

이렇게 해소되지 못한 부분들이 결국 아이들의 성장에 부정적인 영향을 미치는 요소로 발전하게 되고, 이로 인한 학교생활 부적응과 또래 관계 문제, 심리·정서적 어려움으로까지 이어지는 모습을 보며 교육복지사들은 가족의 이야기, 더 나아가 가족이 도움을 필요로 하지만 먼저 꺼내지 않는 이야기에 함께 귀 기울이기 시작하였다.

누구나 처음은 서툴기 마련이다. 부모도 그러하다. 하지만 부모라는 이유만으로 아이들 앞에서만큼은 완벽한 어른의 모습을 보이고자 애쓰게 된다. 실제 우리가 만난 부모들도 그러했다. 특히 홀로 자녀를 키우는 경우, 더욱더 완벽한 부모의 모습을 보이기 위해 부단히 노력하였고, 되레 그런 노력이 부모를 더 지치게 만드는 모습을 많이 보아왔다. 그래서 우리는 가족역량강화 프로그램을 통해 그동안 나와 우리 가족의 모습을 조금은 객관적으로 바라보고, 서로를 응원하며 조금 더 단단해지는 시간을 가질 수 있도록 하는 데 초점을 맞추어 프로그램을 기획하였다.

2010년부터 시작한 이 프로그램은 교육복지사가 상주하는 학교 간 공동사업의 형태로 진행되었으며 매해 조금씩 다양한 시도를 곁들여 발전시켜 나가고 있다.

초창기에는 상대적으로 취약성에 초점을 맞춰 한부모가정이나 조손가정 등을 중심으로 운영하였으나 코로나19를 거치며 전반적으로 위축된 가족 활동에 초점을 맞춰 보다 다양한 가족이 참여하는 보편적 프로그램으로 확장되었다.

'가족의 역량강화'라는 목적 아래, 매년 다양한 테마를 가지고 장소와 형태를 달리하여 진행하였으나 프로그램의 목적을 공유하고 참여 가족들 간의 관계 형성을 돕는 오리엔테이션이나 자녀 양육과 관련된 부모교육, 가족 추억 만들기를 위한 체험활동은 꼭 반영될 수 있도록 세부활동을 구성하였다. 또한 부모의 스트레스 관리나 사춘기 자녀와의 소통문제, 가족의 건강관리 등 다양한 문제를 중심으로 회기별 가족의 흥미도와 유익성을 고려한 다양한 세부활동을 기획, 추진하고 있다.

우리 가족의 그늘을 꺼내는 용기

공동사업 추진 과정은 녹록지 않았다. 프로그램 초기에는 참여 가정을 모집하는 것부터 쉽지 않았다. 열정과 진심으로 가득했던 교육복지사들에 비해 가족들은 그들의 그늘을 꺼낼 용기가 아직 충분히 준비되지 않았던 것 같다. 하지만 첫걸음부터 포기하기보다는 인내와 끈기를 갖고 가족들에게 세심하게 다가가는 방법을 선택하였다. 도움을 필요로 하는 가정의 아이들과 부모들을 일일이 만나 프로그램의 취지를 설명하고, 가족이 프로그램에 참여하였을 때 어떤 변화를 기대할 수 있는지에 대한 이야기를 전달하였다. 그 때문일까? "진심은 통한다"는 말처럼 교육복지사들의 걱정과는 달리 해를 거듭할수록 가족들의 호응이 늘어갔다.

가족의 변화를 위한 노력은 교육복지사들만 한 것이 아니다. 어떻게 보면 가장 많은 노력을 기울인 사람들은 바로 프로그램에 참여한 가족구성원 모두일 것이다. 가족의 어려움을 드러내는 것 또한 용기이며 그 안에서 내 가족의 마음을 이해하려 노력하고 변화를 꾀하려는 가족들의 노력이 없었다면 실현되기 어려웠을 것이다. 이러한 변화의 노력은 우리 가족 내부로만 국한되지 않았다. 가족의 울타리를 넘어 다른 이웃에게도 영향을 주었다. 함께 참여한 다른 가정들의 모습을 살펴보며 위로와 새로운 배움을 서로 주고받으며 긍정적인 발전을 이루어 나가는 모습을 보여주었다.

홀로 자녀를 키우는 어머니들과 가족역량강화 프로그램을 진행할 때의 일이다. '편모'라 칭하는 불편한 어감이 어색하지 않게 들리던 당시에는 어머니 혼자 자녀를 키운다는 것에 응원의 시선보다는 "어떤 사연으로 혼자 아이를 키울까?"라는 불편한 호기심이 더 컸던 사회적 분위기가 있었다. 이에 교육복지사들은 사회적 시선을 뒤로하고 용기 있게 자녀를 키워가는 어머니들에게 더욱 힘이 되어 드리고 싶어 자조집단의 색이 있는 프로그램을 기획하였다. 우선 어머니들은 어떤 점을 힘들어하고 무엇을 필요로 할까 고민하였고, 그녀들에게 필요한 것은 '공감'이라는 것을 알게 되었다.

이에 자녀들과 함께 체험활동을 하는 가족캠프의 다양한 일정 속에 오롯이 어머니들만 참여하는 심리극을 한 꼭지로 기획하였다. 심리극 전문가와 오랜 시간 준비를 하고 드디어 프로그램이 진행되었을 때 어머니들은 의외로 가슴 깊숙이 가지고 있었던 상실감과 슬픔, 치밀어 오르는 분노와 억울함을 스스럼없이 꺼내놓았다.

그동안 혼자 자녀를 키울 때 느꼈던 사회적 시선이 이 자리에서 가감 없이 표출된 것이었다. 프로그램에 참여한 어머니들은 한결같이 "나만 이렇게 힘든 게 아니었다. 나와 같은 고민을 하는 이웃들이 많다는 것을 알게 되어 공감이 많이 되었고 위로를 얻을 수 있었다."고 말하였다. 이러한 공감과 위로는 자연스레 우리 아이들에게 좋은 정서의 밑거름이 되리라 확신이 들었다.

프로그램에 참여한 가족들은 대부분 가족 간의 유대감이 증진되고 의사소통이 개선되었다는 긍정적인 평가를 하였다. 특히 지리적·문화적 여건상 집 밖을 벗어나는 일이 어려웠던 한 이주배경 가정의 어머니는 "힘들어도 도망갈 친정이 없어서 몇 날 며칠을 밥과 된장국만 먹으며 버티고 살았는데, (프로그램을 통해) 이렇게 맛있는 식사도 하고 좋은 방에서 잠도 자보고 감동적이었습니다. 감사합니다."라는 인사를 전하였다.

이러한 참여 가족 개개인의 행복감은 이를 함께 지켜보는 주변 다른 가족들에게도 긍정적인 영향을 끼쳐 함께 행복감을 느끼는 연쇄작용으로 이어졌고, 이러한 긍정적인 영향이 가족 프로그램을 지속하게 하는 힘이자 이유가 되었다.

처음 모자가정으로 한정 지어 진행했던 프로그램은 조손가정 프로젝트와 한부모가정(부자가정, 모자가정) 프로젝트를 거치며 교육복지사들에게 많은 노하우와 참여 가족을 바라보는 가치관의 변화를 가져다주었다. 현재는 어떤 특정 구조의 가족을 한정 짓지 않고 모든 가족들이 참여할 수 있는 프로그램으로 확대·발전시켜 운영하고 있다.

부모의 성장, 아이의 성장, 그리고 교육복지사의 성장

프로그램을 통해 가장 많이 얻은 것은 '가족의 유대감과 소통의 회복'이 아닐까 한다.

대부분의 참여 가족들이 프로그램에 대한 높은 만족도와 재참여 의사를 나타냈는데 참여 부모 대부분은 평소보다 자녀와 함께 보내는 시간이 많아져 기쁘며 이 시간을 통해 가족이 소통하고 가까워질 수 있는 계기가 되었다는 소감을 나타냈다.

한 초등학생의 부모는 "평소 가정에서 소극적이기만 하던 아이가 프로그램에 참여하며 점점 주체적이고 주도적인 모습을 보였다."며, 앞으로 가족과 함께하는 시간을 더 늘리고 싶다는 소감을 전했다. 종결 회기에서는 또 다른 학부모가 "이 프로그램을 통해 우리는 한 가족이며, 함께하는 것만으로도 행복하다는 사실을 다시 깨달았다."고 말해 많은 참여자들의 공감을 얻었다.

아이들 역시 긍정적인 평가를 남겼다. 부모와 함께하는 시간이 늘고, 다양한 활동을 가족과 함께할 수 있어 즐거웠다는 의견이 다수를 이루었다. 활동을 통해 그동안 몰랐던 부모의 취향을 새롭게 알게 되거나, 평소 보지 못했던 가족의 모습을 발견해 더 가까워졌다는 이야기도 있었다. 특히 바쁜 아버지와 함께 보내는 시간이 많아져 행복했다는 의견은 부모와 교육복지사 모두에게 감동과 성찰을 안겨주었다.

코로나19 이후에는 침체된 가족문화 활동을 되살리는 데 중점을 두었다. 밀키트나 보드게임을 활용하여 가정 내에서 즐길 수 있는 가족문화를 제안하였고, 가족캠프와 챌린지 활동을 통해 부족했던 신체활동과 도전정신을 기를 기회도 제공했다. 부모교육을 통해 변화하는 자녀 문화를 이해하고, 건강한 소통방식을 배우는 시간도 마련하였다.

학교 간 공동사업뿐 아니라 지역기관과의 공동사업을 병행 운영하여 보다 다양한 가족이 참여하고 소통할 수 있도록 하였다. 특히 가족 간 의사소통에 어려움이 있는 가정을 위해 다양한 집단활동을 진행한 '목소리로 전하는 마음'에서는 가족 간의 마음을 표현해 보는 기회를 가졌다. 서로 듣고 싶은 말과 듣기 싫은 말을 게임을 통해 알아보거나, 표현하지 못했던 마음을 영상편지로 전달하는 시간을 함께했다. 가족앨범을 만들며 과거의 즐거웠던 순간을 함께 나누고 앞으로의 행복을 그려보는 시간을 가져보는 등 부모와 자녀가 긍정적인 의사소통 방식을 배우고, 관계를 더욱 건강하게 유지할 수 있도록 하였다.

프로그램을 통해 성장한 것은 참여 가족만이 아니었다. 함께 사업을 추진한 교육복지사들에게도 큰 배움의 시간이 되었다. 협업 과정에서 프로그램의 질이 향상되었을 뿐만 아니라 개인 역량도 함께 강화됐다. 후배 교육복지사는 선배 교육복지사로부터 업무 노하우를 배우고, 선배 교육복지사는 후배 교육복지사들의 젊고 참신한 아이디어를 벤치마킹하며 서로의 장단점을 보완했다. 이런 과정을 거치며 개인의 역량과 팀워크가 자연스럽게 향상되었고, 하나의 목표를 향해 나아가는 동료의식도 깊어졌다.

이뿐만 아니라 초등과 중등이 함께 프로그램에 참여하며 형성된 긍정적인 관계는 대상 가정 개입이나 사례관리에도 도움을 주었다. 프로그램에 함께 참여하며 알게 된 타 학교 교육복지사와의 관계를 통해 상위학교 진학 후에도 학교 적응 등에 도움을 받을 수 있었고, 도움이 필요한 학생 또는 가정에 대한 지속적인 관찰이 가능하게 되었던 것도 공동사업의 장점 중 하나라고 생각한다. 공동사업을 통해 다수의 학생에 대한 빠른 개입과 위기상황 예방이 가능해진 것 역시 공동사업을 매년 지속할 수 있게 하는 힘이라고 생각한다.

'가족역량강화 공동사업'은 어쩌면 단순한 프로그램이 아니라고 생각한다. 그것은 부모를 부모답게, 아이를 아이답게, 그리고 교육복지사를 교육복지사답게 세워주는 배움의 여정이 아닐까?

우리가 함께 걸어온 이 길이 앞으로도 이어져 모든 가족이 이렇게 말할 수 있기를 바란다.

"우리 가족, 여기서 행복해!"

프로그램 개요

프로그램명		우리가족, 여기서 행복해!	목소리로 전하는 마음
유형		• 교육복지우선지원사업 지정학교 간 공동사업	• 지역연계 공동사업
참여 대상		• 학교별 3가정씩(24가정, 90명 내외)	• 사회복지관 사례관리 대상 또는 교육복지 학교 추천 6가정(12명 내외)
시작의 동기		• 안정된 양육 환경이 학생들의 건강한 성장과 학교생활 적응력 향상에 미치는 영향을 고려하여 가족체계를 중심으로 한 개입의 필요성	• 교육복지 안전망 구축사업과 함께 비사업 학교 대상으로 가족 프로그램 확대 요구 • 부모-자녀 간의 소통 및 관계 개선에 초점을 맞춘 지역형 공동사업 기획
회기 주제	사전	• 학교 관계자 협의회	• 보호자 사전모임(관계 형성, 부모교육, 감사노트 나누기 등)
	1	• 오리엔테이션, 관계 형성을 위한 집단활동(공동사업 안내 및 참여 가족 소개, 레크리에이션을 활용한 참가자 관계 형성)	• 오리엔테이션, 관계 형성을 위한 집단활동
	2	• 가족의사소통을 위한 심리극	• 4회기 내외의 가족집단 활동(역할놀이, 사랑의 언어 확인하기, 편지쓰기, 가족앨범 만들기 등)
	3	• 가족캠프(또는 가족나들이)	• 영상편지 제작
	4	• 가족운동회(도는 가족문화 체험)	• 종결모임(가족게임, 영상편지 청음회, 소감 나누기, 가족앨범 전달)
	추수 모임	• 부모교육(양육코칭)	• 온라인 자조모임 운영, 가족나들이
운영 결과		• 가족관계 증진 및 긍정적인 가족문화 형성에 기여	• 부모-자녀 의사소통 척도를 활용 사전·사후 검사 결과, 부모-자녀의 상호작용이 개방적이고 긍정적이며 문제성이 적은 의사소통으로 변화
운영 시 고려할 점		• 학교별 대상 가정 모집의 어려움이 발생할 수 있으므로 전년도부터 사례관리 등을 통해 참여 가정을 미리 물색하는 것이 유리함	• 참여 가정 모집의 어려움 • 보호자 중심의 사전·사후 모임을 통하여 자조모임 구성 가능, 참여도 증진 가능

✩ 프로그램 활동 모습

가족과 함께하는 치즈 만들기

가족운동회

부모 대상 자녀 양육 교육

가족의사소통을 위한 심리극

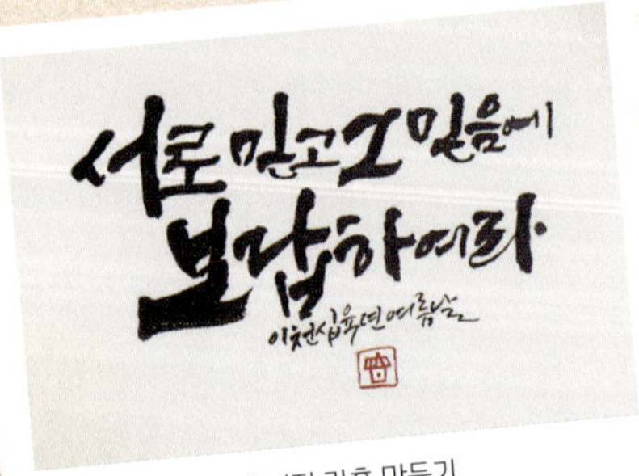

우리집 가훈 만들기

마을이 키우고 마을을 키운 아이들의 성장 이야기

초·중등 공동사업 「살기 좋은 우리 동네 만들기」

△△동이라는 말, 그 한마디에 담긴 무게

"선생님, 저 △△동 사는 거 말 안 하셨음 좋겠어요."

처음엔 그 말이 농담인 줄 알았다. 하지만 아이의 눈빛은 꽤나 진지했다. △△동, 그저 한 동네의 이름일 뿐인데 그 이름에는 아이들이 짊어진 무게가 있었다.

'가난한 동네', '낙후된 동네', '집값이 제일 싼 동네', '공부 환경이 좋지 않은 동네', '문제아들이 많이 사는 동네'…. 대단위 영구임대아파트 단지가 위치한 △△동의 이미지는 늘 어둡고 음침했다.

반면 길 하나를 사이에 두고 개발된 ☆☆동은 '새 아파트', '신도시', '학군이 좋고 교육열이 높은 깨끗한 동네'로 누구나 살고 싶어 하는 선망받는 이미지의 동네였다.

같은 학교에 다니면서도 어느 동네에 사느냐에 따라 보이지 않는 우열감이 존재하고 △△동에 산다는 사실만으로도 수치심을 느껴야 하는, 아이들이 마주한 현실이 너무 불공평하게 느껴지던 어느 날, 한 아이가 자꾸 지각을 한다며 담임선생님이 학생 상담을 의뢰하였다.

"지철아, 집에 무슨 일이 있어? 지철이는 늘 학교에서 열심히 하는데, 요즘 들어 자꾸 지각을 한다고 선생님이 많이 걱정하시더라."

처음엔 고개를 떨구고 아무 말이 없던 지철이는 한참을 머뭇거리다 조심스럽게 입을 열었다.

"선생님, 사실은… 제가 얼마 전에 ☆☆동에서 △△동으로 이사를 왔는데 △△동에 사는 걸 친구들이 알면 놀릴까 봐 ☆☆동까지 가서 버스를 타고 와요. 걸어오면 충분히 가까운 거리인데 몇 정거장 걸어서 버스를 타고 오다 보니 버스를 놓치거나 버스가 늦으면 자꾸 늦게 되는 것 같아요. 친구들이 제가 △△동에 사는 걸 몰랐으면 좋겠어요."

아이의 목소리에는 부끄러움과 두려움이 섞여 있었다. 친구들이 알게 되면 자신이 무시당할까 봐 걱정하는 것이다. 단순한 주거지가 아이들의 눈에는 보이지 않는 서열이자 부끄러움의 대상이 되어버린 것이다.

우리 아이들이 매일같이 마주하는 이 불편한 현실, 스스로를 감추어야만 무리에서 소외되지 않을 것 같은 불안감, 그 아이들을 보며 그저 미안하고 안타까웠기에 △△동 학군에 있는 학교 교육복지사들의 마음이 모아졌다.

내가 사는 동네가 적어도 부끄러움의 대상과 이유가 되지 않기를 바라며 어떻게 도와줄 수 있을지 머리를 맞대었다.

그렇게 아이들과 함께 하는 살.우.네.('살기 좋은 우리 동네 만들기' 프로그램의 줄임말)가 시작되었다.

든든한 지원군을 만나다

프로그램 구상으로 머리가 복잡하던 2016년 3월의 어느 날, 학교만이 아니라 지역사회가 함께 아이들을 품고 키웠으면 좋겠다는 생각이 들었다. 무작정 전화기를 들어 △△동 행정복지센터에 전화를 걸었다.

"안녕하세요, △△동 행정복지센터입니다. 무엇을 도와드릴까요?"

"네, 안녕하세요? 저는 □□초 교육복지사입니다. 저희가 △△동 아이들과 함께 마을을 기반으로 한 프로그램을 진행해 보려고 하는데요…"

쭉 설명을 이어가던 그때, 뜻밖의 반응이 돌아왔다.

"어, 저도 이런 사업을 한번 해보고 싶었는데, 언제 한번 동에 방문하시겠어요?"

이럴 수가, 실낱같은 희망으로, 밑져야 본전이라는 마음으로 큰 기대 없이 걸었던 전화였는데 우리와 뜻이 통하는 사람이 있었다니….

그날의 통화 여운이 채 가시기도 전에 함께 공동사업을 진행하기로 한 교육복지사들과 △△동 행정복지센터를 방문했다. 통화한 팀장을 만나 프로그램의 세부적인 내용들을 협의하는 동안 우리는 이미 오래전부터 함께 호흡을 맞춰 온 것 같은 느낌이 들었다. 팀장은 그 자리에서 동에서 도울 수 있는 부분들에 대한 지원(재정적 지원, 차량과 시설 제공, 봉사활동 확인서 발급 등)을 아끼지 않기로 했다. 그날 이후 십여 년의 세월이 흘렀지만, △△동에서의 마을 기반 프로그램은 지금까지도 '행정복지센터'라는 든든한 지원군을 등에 업고 진행되고 있다.

무대의 중심으로 초대하다

행정복지센터의 지원과 토요일 중식 제공, 참여 학생에 대한 교외 봉사시간 부여, 아이들이 주체가 되어 주도적으로 마을 개선에 대한 의견을 내고 실천해 나갈 수 있도록 아이들의 흥미와 관심사를 고려한 프로그램들로 맛있게 밥상을 차려놓고 참여할 친구들을 모집했다. 그 당시만 해도 봉사시간을 챙겨준다는 조건은 아이들의 주말 참여를 유도할만한 아주 매혹적인 제안이었기 때문에 신청하는 학생들이 꽤 많았다. 각 학교 교육복지사들은 △△동 아이들과 그 아이들이 함께 하고 싶어하는 친구들을 중심으로 학생 선발을 마쳤다. 사실 △△동 아이들로 대상을 한정 짓고 싶었지만 그러기엔 아이들이 또 한번 낙인감과 상처로 힘들어할 것이 예상되어, 최대한 티 나지 않게 참여 학생 선정에 신중을 기하였다.

한 해, 두 해…. 참여했던 아이들이 그 다음 해에 또 프로그램을 신청했다. 그 다음 해에도, 초등학교를 졸업하여 중학교에 진학해서도….

프로그램의 시작은 동네 아이들을 생각하는 어른들의 마음에서였지만, 이제는 그 중심축이 아이들이 되었다. △△동 아이들은 그렇게 마을을 바꾸어 가고 있었다.

2016년, 관내 보행 환경 개선 및 정책 제안 활동

아이들은 직접 캠페인송을 제작하고 방송국을 견학해 녹음하는 특별한 경험을 했다. 울퉁불퉁한 인도, 불편한 횡단보도를 직접 살펴보고 옐로카펫존이 필요한 곳을 기록했으며, 이를 토대로 시에 정책을 제안했다. 이후 캠페인송을 틀며 관내 보행 환경 개선 캠페인을 펼쳤다. 비록 어린 목소리였지만, 그 속에 담긴 진심은 결코 작지 않았다.

살.우.네. 시즌 1 발대식

캠페인 활동

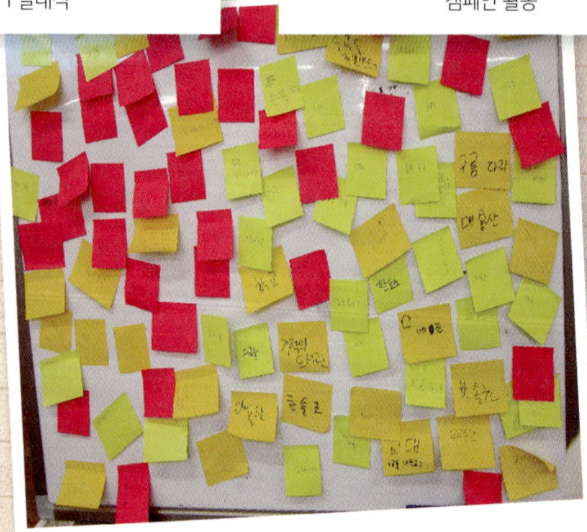
우리 동네에 대한 생각

✩ 2017년, 마을을 주제로 창작 퍼포먼스 제작 및 공연

사회적기업과 연계해 동네 이야기를 직접 구상하고 몸으로 표현하며 작품을 만들었다. 완성된 퍼포먼스로 마을 축제 무대에 올라 많은 사람들 앞에서 당당히 이야기를 전했다.

살.우.네. 시즌 2 활동안내

공연 준비

퍼포먼스 공연

2018년, 우리 동네 환경 개선을 위한 봉사활동

마을 곳곳에서 환경 정화 활동을 했다. 쓰레기를 줍고, 낙후된 아파트 단지의 벽 입구에 타일 그림을 그려 새롭게 꾸몄다. 마을에 학생들의 꿈과 희망이 담긴 손자국이 남았다. 깨끗해진 거리만큼 아이들의 표정도 환해졌다.

벽화 시안

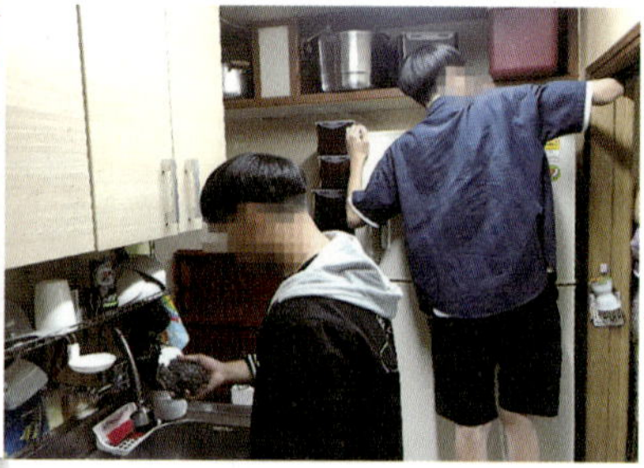

독거어르신 가정방문

벽 도색작업

✩ 2019년, 환경 사랑 실천 및 정크 아트 체험 활동

정크 아트를 배우며 버려진 재료로 새로운 예술 작품을 만들었다. 쓰레기를 다시 보게 되었고, 버려진 쓰레기로 마을을 새롭게 창조했다. 아이들은 세상을 다르게 바라보는 눈을 갖게 되었다.

환경보호 캠페인 활동

정크 아트 작품 제작

정크 아트 작품

✩ 2022년, 꿈을 디자인하는 직업 체험 프로그램

2년 여간 코로나19로 중단되었던 활동이 다시 시작되었다. 아이들은 지역사회기관과 연계하여 다양한 직업 체험을 하며 꿈을 디자인하는 시간을 가졌다. 지역사회라는 울타리 안에서 무한한 가능성을 상상할 수 있다는 걸 알게 되었다.

바리스타 체험

에코백 디자인

과일청 만들기

✪ 2023년, 세대공감 독거어르신 인생책 만들기

세대 간의 만남. 아이들은 어르신의 이야기를 듣고, 정리하고, 책으로 엮었다. 누군가의 삶을 담은 책을 만든다는 것. 그건 아이들에게 큰 울림이었다.

세대공감 레크리에이션

어르신 생신상 차려드리기

할머니의 인생이야기

독거어르신 인생책

✩ 2024년, 세대공감 독거어르신 요리 레시피북 만들기

지난해 함께했던 할머니들과 요리 레시피북을 만들었다. 어르신들의 손맛을 배우고, 할머니 추억 이야기 속 요리법을 기록했다. '세대공감'은 이제 익숙한 단어가 되었다.

MZ세대 요리 만들기

할머니 레시피 정리

할머니 레시피대로 요리하기

독거어르신 요리 레시피북

2025년, 마을을 기반으로 건강한 놀이문화 제공 '다같이 놀자 동네 한바퀴'

마을을 기반으로 건강한 놀거리를 제공했다. 숲티어링, 원예&아로마테라피, 건강 요리교실, 우리 동네 황톳길 걷기, 지역 마라톤 대회 출전, 해양 레저 체험 등 다양한 활동을 통해 몸과 마음이 건강해지는 즐거운 시간을 가졌다.

학교 인근 숲에서 숲티어링

건강 요리 만들기

해양레저체험활동

마라톤 참가

쉽지 않았지만, 멈추지 않았다

첫해 행정복지센터에서 마음이 잘 맞는 담당자를 만나 큰 힘이 되었지만, 그 이후에는 그때처럼 마음을 나누며 함께할 수 있는 담당자를 만나기가 쉽지 않았다. 공무원들의 인사이동으로 사업 중간에 담당자가 바뀌는 경우가 매우 많았는데, 그래도 동의 복지를 최일선에서 책임지는 분들이기에 정도의 차이가 있을지언정 동네 아이들을 향한 마음은 같겠지 하는 생각은 우리의 착각이었다.

"왜 이런 걸 하는 거냐?", "왜 굳이 토요일에 하냐?"며 직접적으로 불평을 꺼내놓는 분도 계셨고, 그 정도까지는 아니지만 그냥 행정복지센터 문만 열어주고 아이들 활동 시간에는 자리를 비우다 문단속만 하러 오는 분도 계셨다. 누구나 주말이라는 시간이 귀하고 쉬고 싶은 것은 마찬가지일 터. 이해 못하는 바는 아니다. 하지만 그 아이들이 바로 우리 동네에서 크는 '우리 아이들'인데… 비협조적인 태도에 야속함도 밀려왔다. 그렇다고 간혹 있는 한두 명 때문에 프로그램을 중단할 수는 없었기에 또 그런 때는 세 학교 교육복지사들이 똘똘 뭉쳐 위기를 넘어오곤 하였다.

이제는 살.우.네.도 8년차를 맞이했다. 그 말인 즉슨 그간의 과정을 통해 아이들도, 동네도, 담당자들도 변화가 있었고 감동의 순간들이 있었지만 그만큼 새로운 주제에 대한 고민들이 많이 된다는 뜻이다. 대체적으로 다년차 참여 학생이 많은 편이고, 매번 같은 동네에서 새로운 감동을 만드는 일은 생각보다 고된 일이다.

그런데도 우리는 멈출 생각이 없다.

아이들이 동네에 대한 즐겁고 행복한 추억이 하나하나 생겨날 때마다, "또 하고 싶어요, 또 오고 싶어요" 길지 않지만 진심이 담긴 소감 한마디를 볼 때마다, 이 작은 활동이 아이들의 자존감을 세워주는 작은 씨앗이 되는 것을 알기에, 아이들이 더 이상 △△동이라는 이름 앞에서 작아지지 않기를 바라는 마음에, 우리는 내년에도 다시 아이들을 기다릴 것이다.

6년의 토요일, 내가 자란 시간들

안녕하세요. 저는 고등학교 1학년 김지수입니다.

□□초등학교와 □□중학교를 졸업했고, 초등학교 4학년부터 중학교를 졸업할 때까지 6년 동안 「살기 좋은 우리 동네 만들기」, '살.우.네.' 활동에 꾸준히 참여해 왔습니다. 긴 시간 함께했던 이 활동 속에서 제가 느낀 것들을 편지글로 전하고 싶습니다.

처음 살.우.네.를 시작했을 때는 단지 재미있어 보여서였습니다. 주말마다 친구들과 모여 새로운 활동을 하는 게 즐겁고, 여기저기 함께 다니며 어울리는 것이 좋았습니다. 하지만 시간이 지날수록 그 안에서 단순한 즐거움 이상의 것을 얻고 있다는 걸 깨닫게 되었습니다. 직접 무언가를 계획하고 해냈을 때 느끼는 성취감, 누군가에게 도움이 되었을 때의 뿌듯함이 저를 조금씩 바꾸어 놓았고, 단순한 참여자에서 점점 주도적으로 움직이는 사람이 되어가고 있었습니다.

특히 가장 기억에 남는 순간은 어르신들과 함께 책을 만들던 활동입니다. 그분들의 삶을 듣고 글로 옮겨 정리하는 과정은 정말 특별했습니다. 생신을 축하드리고, 함께 게임을 하고, 춤을 추며 마음을 나누던 시간은 그저 봉사활동이 아닌, 사람과 사람이 만나는 진심 어린 교감이었습니다. 친구들과 한 팀이 되어 한 자 한 자 정성껏 써 내려간 글이 책으로 완성되었을 때 느낀 감동은 아직도 생생합니다. "이게 바로 우리가 만든 이야기구나." 그 뿌듯함을 잊을 수 없습니다.

살.우.네.를 통해 제 안에서 가장 크게 달라진 건 '시야'였습니다. 다양한 사람들의 이야기를 들으며 세상을 바라보는 눈이 넓어졌고, 예전 같으면 머뭇거렸을 말들도 이제는 용기 내어 먼저 건넬 수 있게 되었습니다. "도와드릴까요?"라는 말이 자연스럽게 나오는 제 자신을 발견했을 때, 이 활동이 저를 얼마나 성장시켰는지 알 수 있었습니다.

이 모든 시간을 이끌어주신 선생님들께 진심으로 감사드립니다. 언제나 저희 이야기에 귀 기울여 주시고, 최대한 받아들이려 노력해 주신 모습이 큰 힘이 되었습니다. 함께했던 친구들에게도 고맙습니다. 서로 다른 학교에서 만났지만 벽을 두지 않고 금세 마음을 나누며 한 팀이 될 수 있었던 기억은 저에게 따뜻한 추억으로 남아 있습니다.

마지막으로 앞으로 살.우.네.에 참여하게 될 후배들에게 꼭 하고 싶은 말이 있습니다. 때론 귀찮고, 어렵게 느껴질 수도 있지만 절대 빠지지 말고 끝까지 함께해 보세요. 그 시간들이 모여 여러분만의 소중한 추억이 되고, 또 하나의 성장으로 남을 거예요. 고등학생이 된 지금도 저는 가끔 그때의 시간을 떠올리며 제 자신을 돌아봅니다. 비록 지금은 참여하지 못하지만, 이 경험을 바탕으로 앞으로도 다양한 봉사활동을 이어갈 계획입니다. 그리고 살.우.네.가 계속 이어져 더 많은 친구들에게 좋은 영향을 줄 수 있기를 진심으로 바랍니다. 그 안에서 또 다른 이야기들이 쌓이고, 새로운 책 한 권이 완성되기를 소망합니다.

감사한 마음을 담아
김지수 드림

공동체 속에서 자라난 아이들, 함께 만든 감동의 시간

- 세 명의 교육복지사가 함께 기록한 8년간의 성장 이야기 -

초·중등 공동사업 「살기 좋은 우리 동네 만들기」 프로그램을 운영하며, 단순히 지역사회와 어떤 프로그램을 기획하고 운영했다는 사실을 넘어 우리 또한 '함께 성장하는 시간'이었다고 말하고 싶다. 출발은 아이들이 자신이 사는 동네를 부끄러워하고 숨기려하는 사실이 안타까워서였지만 어쩌면 우리 역시 "마을이 아이들을 키운다"는 말의 의미를 충분히 알지 못한 채 뛰어든 도전이었는지도 모른다. 다소 무모한 도전이었을지라도 8년의 세월 속에서 지역사회가 아이들을 품고 키워내는 과정을 함께하며, 그것이 하나씩 실현되는 모습을 확인할 수 있었음에 감사하다.

특히 2023년과 2024년, 독거어르신들과 함께한 '세대공감' 프로그램은 지금도 여전히 깊은 여운이 남는다. 그 이전의 활동들은 주로 지역 내 환경을 개선하며 눈에 보이는 결과를 남겼다면, 어르신들과의 만남은 사람으로부터 받은 소중한 감정들이 곱씹을수록 진해지는 느낌이다. 할머니들과 함께한 시간은 아이들에게도 할머니들에게도 추억이 되었다. 아이들과 복작복작 어울리며 행복해하는 모습, 혼자 살면서 음식을 해 먹지 않은 지 오래인데 자신이 만든 음식을 아이들이 맛있게 먹는 모습을 보며 입가에 그려졌던 흐뭇한 미소, 우리가 만들어주려고 했던 지역공동체를, 오히려 아이들이 어르신들께 만들어 주고 있었던 것이다. 그 경험은 예상하지 못한 선물을 받은 느낌이었고 '의미 있는 타자'가 그렇게 하나둘 생겨나는 과정은 서로에게 살아갈 힘이 되어 주었다. 우리가 기대하고 바라던 그 일들이 이루어지는 현장을 보는 것 같아 정말 기뻤다.

그리고 같은 동네를 기반으로 하지만 서로 다른 학교 학생들이 만나 어색하게 말을 건네고, 활동 중 챙기고 배려하며, 나중에는 만나기만 해도 반가운 아이들로 자라가는 모습을 보는 것도 우리가 함께하는 이유가 되었던 것 같다. 참여했던 아이들이 또 다른 친구에게 살.우.네. 프로그램을 권하여 입소문을 탄 유명한 프로그램이라는 것은 안 비밀!

초등학교 때부터 참여해 중학교에 진학해서도 꾸준히 참여하는 아이들은 교육복지사들의 지속적인 관찰 속에서 사례관리나 서비스 제공이 연속성 있게 이루어졌고, 행정복지센터에서도 장학금이나 후원 물품, 서비스를 지원할 때 살.우.네. 참여 아이들로 자연스럽게 이어졌다. 살.우.네. 8년 동안 우리 동네 안에 있는 많은 사람들, 기관들이 아이들을 위해 장을 열어주었다. 우리는 우리 아이들이 내가 사는 동네를 떠올릴 때 그곳이 좀 더 밝고 따뜻했으면 좋겠다는 마음으로 여기까지 왔다. 교육복지사로서 아이들과 함께 살아가는 지역사회를 만들어가는 일에 대한 자부심을 느끼며, 앞으로도 이 프로그램이 아이들에게는 따뜻한 기억으로, 지역사회에는 지속가능한 돌봄의 장으로 남을 수 있도록 최선을 다할 것이다.

* 프로그램 개요

<table>
<tr><th>프로그램명</th><td colspan="2">살기 좋은 우리 동네 만들기(살.우.네.)</td></tr>
<tr><th>함께한 사람들</th><td colspan="2">초등 1개교, 중등 2개교, 관할 행정복지센터</td></tr>
<tr><th>시작의 동기</th><td colspan="2">학생들은 같은 학교에 다니면서도 사는 동네에 따라 차별과 낙인을 경험했다. 주소가 부끄러움의 이유가 되어 스스로를 감추어야 했던 현실 앞에서, 아이들의 자존감에도 상처가 될까 걱정스러웠다. 이에 교육복지사들은 '아이들이 지역 안에서 행복하게 자라야 한다'는 마음을 모았고, 아이들이 사는 곳이 결코 수치심의 대상이 되지 않도록, 차별 없는 성장을 돕기 위한 '살.우.네.'가 시작되었다.</td></tr>
<tr><th rowspan="10">프로그램
발전 과정</th><td colspan="2">초창기에는 지역 인식·환경 개선 활동이 중심이었으나, 코로나19 이후에는 다양한 지역기관과의 연계 및 세대 간의 교류로 확장되며 마을 공동체와 함께 성장하는 프로그램으로 발전하였다.</td></tr>
<tr><th>연도</th><th>활동내용</th></tr>
<tr><td>2016</td><td>관내 보행 환경 개선 및 정책 제안 활동</td></tr>
<tr><td>2017</td><td>마을을 주제로 창작 퍼포먼스 제작 및 공연</td></tr>
<tr><td>2018</td><td>우리 동네 환경 개선을 위한 봉사활동</td></tr>
<tr><td>2019</td><td>환경 사랑 실천 및 정크 아트 체험 활동</td></tr>
<tr><td>2022</td><td>꿈을 디자인하는 직업 체험 프로그램</td></tr>
<tr><td>2023</td><td>세대공감 독거어르신 인생책 만들기</td></tr>
<tr><td>2024</td><td>세대공감 독거어르신 요리 레시피북 만들기</td></tr>
<tr><td>2025</td><td>마을을 기반으로 건강한 놀이문화 제공 '다같이 놀자 동네 한 바퀴'</td></tr>
<tr><th>예산집행</th><td colspan="2">- 학교 : 동일 예산을 배정하여 역할과 회기별로 분담·집행
- 행정복지센터 : 지역사회보장협의체 후원금을 활용하여 역할과 회기별로 집행</td></tr>
</table>

운영효과	- 환경개선·세대공감·직업체험·건강한 놀이활동 등 다양한 활동 속에서 성취감과 소속감을 경험 - 기관 간 협력을 통한 공동체 의식 강화, 마을에 대한 긍정적 인식 확대 - 장학금·후원·서비스 등 지역자원을 학생 사례관리와 자연스럽게 연결하여 지원 - 초등과 중등을 아우르는 운영으로 지속적이고 종단적인 사례관리가 가능하며, 교육복지사 간 동료 슈퍼비전도 용이
운영꿀팁 💡	💡 대상 학생을 특정 동네로 제한하지 않고, 관심 있는 학생들이 자연스럽게 섞여 참여할 수 있도록 모집하여 낙인감 최소화 💡 봉사시간 제공, 주말 식사 지원, 흥미 기반 활동(예 직업 체험, 놀이문화 등)을 통해 참여 동기와 지속성을 높임 💡 공공기관 및 지역자원 연계는 행정복지센터를 통해 접근할 때 협조와 지원이 훨씬 원활하며, 예산·시설·인적자원 확보에도 효과적! 💡 담당자 변경 또는 기관 간 갈등 시에는 공동 운영학교 교육복지사들이 협력하여 위기를 극복하고 안정적 운영 지속

부록

연구 개발 프로그램

자원봉사 교육 프로그램 두나(두루나눔) 프로젝트

연구 개발 프로그램

자원봉사 교육 프로그램 두나(두루나눔) 프로젝트

1. 프로그램 개요

교육복지 현장에서의 자원봉사 교육은 단순히 봉사시간을 채우는 것을 넘어, 학생들이 '받는 존재'에서 '기여하는 시민'으로 성장하도록 돕는 중요한 과정이다. 선행 연구에 따르면 청소년 자원봉사 활동은 자아존중감과 공동체 의식을 높이고(양정숙, 2012), 다양한 인간관계를 통해 사회성을 발달시키며 또래·교사·지역사회와의 관계망을 넓히는 데 기여한다(허성호·정태연, 2013). 또한 봉사활동은 개인의 흥미와 강점을 사회 기여와 연결해 진로 탐색의 기회를 확장시키며, 이는 긍정적 청소년 발달(Positive Youth Development) 관점과도 맞닿아 있다(김광호, 2021).

이러한 필요성에 따라, 기존의 1~2시간 단기 교육의 한계를 보완하고자 현장의 교육복지사들이 고민하고 협력하여 총 10회기 자원봉사 교육 프로그램 '두루나눔 프로젝트'를 개발하였다. 현재 일부 학교 봉사동아리에서 운영 중이며, 이번 사례집에서 그 내용을 소개하고자 한다. 단, 본 프로그램은 회기별 모든 내용을 새롭게 창안한 것이 아니라, 기존에 활용되던 사회성 향상, 진로 탐색, 세계시민교육 등 프로그램의 요소들을 재구성·통합하여 개발하였음을 밝힌다.

2. 프로그램의 구성 및 회기별 주제

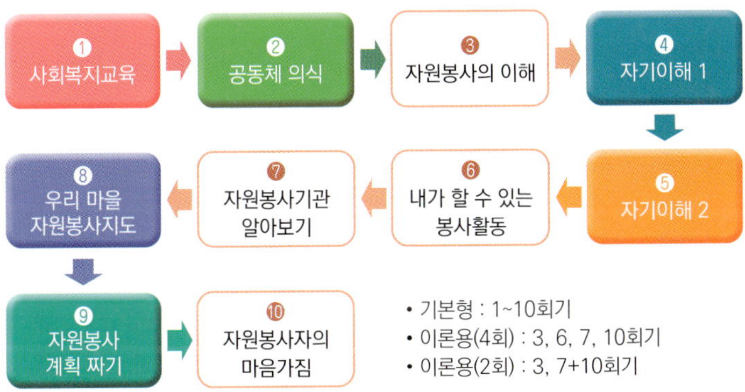

1) 1~3회기 : 기초 이해 단계

사회복지 개념, 공동체 의식, 자원봉사 정의 → 봉사에 대한 기본 태도와 가치 내면화

2) 4~5회기 : 자기이해 단계

흥미·성향 검사, 강점 발견 → 개인의 자원봉사 방향성 탐색

3) 6~7회기 : 정보 확장 단계

봉사활동 종류, 기관 탐색 → 봉사 기회의 다양성과 구체적 필요 인식

4) 8~9회기 : 실천 준비 단계

마을 지도, 나의 봉사계획 수립 → 지역 기반 자원 발굴 및 구체적 실행 설계

5) 10회기 : 태도 확립 단계

원칙·에티켓·서약 → 실천 전 마음가짐 정립과 책임 의식 강화

3. 교육복지 현장에서의 적용 포인트

1) 초등학생 : 활동지·게임·지도 그리기 중심으로, '재미'와 '참여 경험'에 초점(예 WM 게임, 마을 지도 그리기)
2) 중학생 : 자기이해 검사, 토론, 소그룹 발표를 강화해 '자신과 공동체 연결' 경험
3) 고등학생 : 진로 탐색, 기관 탐방, 구체적 계획 수립을 통해 '자신의 역량과 봉사 연결' 강조
4) 성인·학부모 : 봉사의 철학적 의미, 지역사회 기여, 세대 간 연계를 중심으로 심화

4. 활용·운영 제안

1) **단축형**(2~4회기) : 진로 체험 주간, 자유학기제 프로그램에 활용

2) **이론형**(3, 6, 7, 10회기) : 봉사활동 또는 자원봉사 캠프 참여 전 사전교육에 활용

3) **이론형**(3, 7+10회기) : 단회기성 학급개입 프로그램으로 활용(2시간 이내 완료)

4) **정규형**(10회기) : 방과후 동아리, 자율동아리, 학교·지역 연계 프로젝트에 활용

5) **연계형** : 지역 자원봉사센터, 사회복지관과 협력하여 실천 기회 연결

5. 프로그램의 활동 세부내용

회기	주 제	목 표	주요 활동	운영방법
1	사회복지의 이해와 개념 확장	사회복지 개념과 역할 이해, 폭넓은 시각 형성	• '사회복지', '사회복지사' 한자 풀이 • 사회복지 마인드맵 작성 • 사회보장제도·4대보험·사회복지기관·기부문화 학습	PPT·영상자료, 활동지 작성, 소그룹·전체 공유
2	공동체 의식 함양	협력과 신뢰의 중요성 인식, 공정무역 가치 이해	• WM 게임[1] 진행 및 토론 • 공정무역 영상 시청·장점 나누기 • 공동체 실천 아이디어 제안	게임 10~15회 진행, 토론·브레인스토밍
3	자원봉사의 이해	자원봉사의 의미·특성 이해	• '자원봉사' 한자 구성 분석, '받들 봉' 의미 학습 • 자발성·무보수성·공익성·지속성 이해 • 대표 봉사 사례 탐구	활동지, 사례 영상·기사 자료
4	자기이해 1 흥미·진로성향 탐색	개인의 흥미·진로 성향 파악	• 홀랜드 간이검사[2] 실시 검사 결과 개별 기록	검사 진행, 결과 기록 및 간단 피드백

1 WM 게임은 게임이론(죄수의 딜레마, Prisoner's Dilemma) 구조를 응용한 활동이다. 모둠별로 W(We, Win : 함께/ 협력) 또는 M(Me, Mine : 나/ 개인 이익)을 선택하여 점수를 얻는 활동으로, 모두가 W를 선택하면 모두 이익(+3점), 모두가 M을 선택하면 모두 손해다. W와 M이 섞일 경우 M을 고른 쪽은 이익(+6점), W를 고른 쪽은 손해(−6점)를 얻게 된다. 반복되는 선택 과정을 통해 단기적 개인 이익보다 공동체 협력이 장기적으로 더 이롭다는 것을 체험하도록 설계된 게임이다.

2 홀랜드 직업흥미검사 간이형은 개인의 직업적 흥미를 여섯 가지 유형(RIASEC : 현실형·탐구형·예술형·사회형·진취형·관습형)으로 간단히 파악하는 검사로, 정식 검사보다 문항 수를 줄여 수업이나 집단활동 속에서 자기 성향을 빠르게 확인할 수 있도록 고안되었다.

5	자기이해 2 강점·특성 발견	나의 성격·강점·특성 파악, 봉사와 연결	• 검사 결과 해석 • 성격·장단점·좋아하는 단어·다른 점·타인의 시선 작성 • 모둠별 마인드맵·공통점 발표	활동지 작성→모둠 토론→발표, 봉사 연계 논의
6	봉사활동의 종류와 영역 이해	다양한 봉사활동 영역 이해	• 봉사활동 마인드맵 작성 • 영역 소개(교육·통역·문화안내·의료 등)	그룹별 마인드맵, PPT 설명
7	봉사활동 수요 기관 탐색	봉사 수요기관 이해 및 정보 획득	• 기관별 봉사유형 조사 • 자원봉사포털(1365, VMS 등) 안내·가입	포털 탐색 실습, 정보 공유
8	우리 마을 자원 봉사지도 만들기	지역 내 봉사활동 가능 자원 파악	• 학교 중심 마을지도 작성 • 기관 역할 파악·봉사 유형 탐색	지도 그리기, 기관 조사·발표
9	나의 자원봉사 계획 수립	개인·팀별 봉사 계획 구체화	• 관심기관 선정·활동 기획 계획 발표 • 봉사활동 인증방법 안내	계획서 작성·발표, 인증방법 실습
10	자원봉사 자세와 마음가짐	바람직한 태도·윤리 이해	• 자원봉사 7대 원칙 학습 • 봉사 에티켓 이해 • 서약서 작성	PPT 강의, 서약서 작성·선언

6. 회기별 세부활동 구성

<table>
<tr><td>회기</td><td>1회</td><td>주제</td><td>사회복지란 무엇일까요?</td><td>시간</td><td>40분</td></tr>
<tr><td>회기목표</td><td colspan="5">• 사회복지의 정의 이해하기
• 관련 기관과 인물 알기</td></tr>
<tr><td>구성형태</td><td colspan="3">• 학급개입/개별 작업</td><td>적용대상</td><td>초/중</td></tr>
<tr><td>단계</td><td colspan="3">내용</td><td>시간</td><td>준비물</td></tr>
<tr><td>도입</td><td colspan="3">1. 규칙 정하기
① 프로그램 소개
② 프로그램의 규칙에 대해 숙지(PPT)
③ 규칙 2개는 구성원들과 함께 정하기
④ 오늘 수업 주제 안내</td><td>5분</td><td>규칙 PPT</td></tr>
<tr><td>전개</td><td colspan="3">2. 사회복지의 정의 이해하기
① 한자로 사회복지(사회복지사) 간단히 설명하기(PPT)
② 사회복지에 대해 아동들의 생각 묻고 나누기 :
초-발표, 중-마인드맵 활동지(개인)
③ 학생들의 발표에 피드백해 주기

3. 사회복지 개념 확장시키기
① 다양한 세금과 4대 보험 설명하기(PPT)
② 사회복지 관련 기관과 인물 알기(PPT)
③ 우리나라 사회복지 관련 대표기관 알기(PPT)
④ 기부 설명하고, 대표 기부연예인 알기(PPT)</td><td>32분</td><td>PPT,
활동지</td></tr>
<tr><td>정리</td><td colspan="3">4. 마무리
① 사회복지에 대한 내용 복습, 정리하기
② 사회복지를 한마디로 정의하기(PPT)
③ 프로그램 마무리</td><td>3분</td><td></td></tr>
</table>

<table>
<tr><td>회기</td><td>2회</td><td>주제</td><td colspan="2">공동체 의식</td><td>시간</td><td>40분</td></tr>
<tr><td>회기목표</td><td colspan="6">• 공동체 의식에 대해 이해하기
• 공동체 의식을 위해 필요한 우리들의 자세에 대해 알아보기</td></tr>
<tr><td>구성형태</td><td colspan="3">• 모둠별 작업</td><td>적용대상</td><td colspan="2">초/중</td></tr>
<tr><td>단계</td><td colspan="3">내용</td><td>시간</td><td colspan="2">준비물</td></tr>
<tr><td>도입</td><td colspan="3">1. 오리엔테이션
① 모둠끼리 앉을 수 있도록 자리 정돈
② 프로그램의 규칙 숙지(PPT 활용)
③ 지난 시간 내용 정리 및 오늘의 주제 안내</td><td>5분</td><td colspan="2">규칙 PPT</td></tr>
<tr><td>전개</td><td colspan="3">2. WM 게임
① 모둠별 준비물 배부
② 진행방법 안내
③ 10~15회 내외로 진행
④ 게임이 마무리되고 난 후 게임의 의미와 필승법에 대해 나누며 공동체 의식에 대해 설명
※ 10~15회 내외로 진행하며 처음 3회기 이후부터는 모둠 간 대화를 유도할 수 있음. 단, 이때 각 모둠이 기입한 답을 상대 모둠에게 알리지 않도록 유의함

3. 세상을 바꾸는 아름다운 거래, 공정무역
① 공동체 의식을 설명하는 또 다른 대표적 사례로 공정무역에 관한 영상자료 시청 후 공정무역에 대한 개념 파악하기
② 공정무역을 통해 얻을 수 있는 장점을 같이 나누며 공동체 의식에 대해 생각해 보고 공동체 의식 실천을 위해 우리가 할 수 있는 일에 대해 알아보기
※ 참여 학생의 연령 또는 시간적 어려움이 있는 경우, 공정무역에 대한 내용은 생략 가능. 공동체 의식 함양을 위해 우리 주변의 실천방법에 대해 자유롭게 의견을 나누는 것으로 대체 가능</td><td>30분</td><td colspan="2">게임설명 PPT, 화이트 보드 및 보드마커, 지우개 (모둠별), 강화물, 영상자료</td></tr>
<tr><td>정리</td><td colspan="3">4. 마무리
① 오늘 배운 공동체 의식에 대해 정리
② 자원봉사와 연계하여 생각해 보도록 지도
③ 프로그램 마무리</td><td>5분</td><td colspan="2"></td></tr>
</table>

<table>
<tr><th>회기</th><td>3회</td><th>주제</th><td colspan="2">자원봉사의 이해</td><th>시간</th><td>40분</td></tr>
<tr><th>회기목표</th><td colspan="6">• 자원봉사의 의미와 특성에 대해 알아보기
• 자원봉사활동의 대표적인 사례에 대해 알아보기</td></tr>
<tr><th>구성형태</th><td colspan="3">• 개인 또는 모둠별 작업</td><th>적용대상</th><td colspan="2">초/중</td></tr>
<tr><th>단계</th><th colspan="3">내용</th><th>시간</th><th colspan="2">준비물</th></tr>
<tr><td>도입</td><td colspan="3">1. 오리엔테이션
① 모둠별 자리 정돈
② 프로그램의 규칙 숙지(PPT 활용)
③ 지난 시간 내용 정리
④ 오늘 수업의 주제 안내</td><td>5분</td><td colspan="2">규칙 PPT

지난 활동 요약 PPT</td></tr>
<tr><td>전개</td><td colspan="3">2. 자원봉사의 이해
① 활동지를 활용하여 ‘자원봉사’를 완성하여 보고 뜻풀이를 통해 자원봉사의 의미 알아보기
※ 모둠별 활동으로 진행할 경우 한자카드 활용
※ 개별 활동으로 진행 시 활동지를 활용
② PPT를 활용한 자원봉사의 특성(자발성, 무보수성, 공익성, 지속성)에 대한 설명
③ PPT를 활용하여 우리 주변에서 실천된 자원봉사의 대표 사례 알아보기</td><td>25분</td><td colspan="2">PPT,
활동지
(또는
한자카드),
필기도구,
강화물</td></tr>
<tr><td>정리</td><td colspan="3">3. 마무리
① 낱말퍼즐을 활용한 오늘 배운 내용 정리
② 프로그램 마무리</td><td>10분</td><td colspan="2"></td></tr>
</table>

<table>
<tr><td>회기</td><td>4회</td><td>주제</td><td colspan="2">자기이해 1</td><td>시간</td><td>40분</td></tr>
<tr><td>회기목표</td><td colspan="6">• 자기 자신을 이해하고 자신의 진로 및 적성을 발견하여 나에게 맞는 봉사활동 찾기
• 홀랜드 간이검사를 통해 자신의 흥미와 진로성향(적성) 파악하기</td></tr>
<tr><td>구성형태</td><td colspan="3">• 개별 활동</td><td colspan="2">적용대상</td><td>초/중</td></tr>
<tr><td>단계</td><td colspan="3">내용</td><td colspan="2">시간</td><td>준비물</td></tr>
<tr><td>도입</td><td colspan="3">1. 오리엔테이션
① 프로그램의 규칙에 대해 숙지(PPT 활용)
② 지난 시간에 나누었던 내용 정리
③ 오늘 수업 주제 안내</td><td colspan="2">5분</td><td>규칙 PPT

지난 활동 요약 PPT</td></tr>
<tr><td>전개</td><td colspan="3">2. 홀랜드 검사 소개
① 검사방법 및 유의사항 안내

3. 홀랜드 검사 실시 및 자가채점
① 홀랜드 검사 실시
② 자가채점을 통해 자신의 진로 코드 찾기
③ 여섯 가지 홀랜드 흥미육각형 알기</td><td colspan="2">30분</td><td>검사지,
채점표,
PPT</td></tr>
<tr><td>정리</td><td colspan="3">4. 마무리
① 프로그램 활동 느낌 나누기
② 프로그램 마무리 및 다음 회기 프로그램 안내</td><td colspan="2">5분</td><td></td></tr>
</table>

<table>
<tr><th>회기</th><td>5회</td><th>주제</th><td colspan="2">자기이해 2</td><th>시간</th><td>40분</td></tr>
<tr><th>회기목표</th><td colspan="6">• 자기 자신을 이해하고 자신의 강점을 발견하여 나에게 맞는 봉사활동 찾기
• 자기 자신을 이해하고 타인의 생각과 가치관을 탐색하기</td></tr>
<tr><th>구성형태</th><td colspan="3">• 모둠활동</td><th>적용대상</th><td colspan="2">초/중</td></tr>
<tr><th>단계</th><th colspan="3">내용</th><th>시간</th><th colspan="2">준비물</th></tr>
<tr><td>도입</td><td colspan="3">1. 오리엔테이션
① R, I, A, S, E, C 여섯 가지 유형별로 자리 배치
② 프로그램의 규칙에 대해 숙지(PPT 활용)
③ 지난 시간에 나누었던 내용 정리
④ 오늘 수업 주제 안내</td><td>5분</td><td colspan="2">규칙 PPT

지난 활동 요약 PPT</td></tr>
<tr><td>전개</td><td colspan="3">2. 홀랜드 검사 결과 해석
① 여섯 가지 진로코드별 성향 알기
② 자신의 진로성향 및 강점 파악

3. 유형별 그룹활동
① R, I, A, S, E, C 여섯 가지 유형별 활동지 작성
② 활동지 작성 후 공통된 결과 발표하기(모둠별)</td><td>30분</td><td colspan="2">PPT,
활동지,
전지,
사인펜</td></tr>
<tr><td>정리</td><td colspan="3">4. 마무리
① 발표한 내용을 한 번 더 정리하여 말하기(진행자)
② 프로그램 마무리 및 다음 회기 프로그램 안내</td><td>5분</td><td colspan="2"></td></tr>
</table>

<table>
<tr><th>회기</th><td>6회</td><th>주제</th><td colspan="2">봉사활동의 종류</td><th>시간</th><td>40분</td></tr>
<tr><th>회기목표</th><td colspan="6">• 마인드맵을 통해 내가 가지고 있는 봉사활동에 대한 생각을 구체적으로 알아보기
• 자원봉사의 종류와 내용에 대해 알기</td></tr>
<tr><th>구성형태</th><td colspan="3">• 학급개입/개별 작업</td><th>적용대상</th><td colspan="2">초/중</td></tr>
<tr><th>단계</th><th colspan="3">내용</th><th>시간</th><th colspan="2">준비물</th></tr>
<tr><td>도입</td><td colspan="3">1. 오리엔테이션
① 모둠끼리 앉을 수 있도록 자리 정돈
② 프로그램의 규칙에 대해 숙지(PPT 활용)
③ 지난 시간에 나누었던 내용 정리
④ 오늘 수업 주제 안내</td><td>5분</td><td colspan="2">규칙 PPT

지난 활동 요약 PPT</td></tr>
<tr><td>전개</td><td colspan="3">2. 봉사활동에 대한 나의 생각 알아보기
① ‘봉사활동’을 주제로 마인드맵 그려보기

3. 봉사활동의 종류와 내용 알기
① 봉사활동의 종류와 내용 안내(PPT 활용)</td><td>30분</td><td colspan="2">필기도구, 활동지, PPT</td></tr>
<tr><td>정리</td><td colspan="3">4. 마무리
① 봉사활동에 대한 다양한 생각, 종류, 내용 복기
② 프로그램 마무리</td><td>5분</td><td colspan="2"></td></tr>
</table>

회기	7회	주제	자원봉사를 필요로 하는 기관 알아보기	시간	40분

회기목표	• 자원봉사를 필요로 하는 기관에 대해 알아보기		
구성형태	• 모둠별 작업(5~6명)	적용대상	초/중
단계	**내용**	**시간**	**준비물**
도입	1. 오리엔테이션 ① 인사 나누기 ② 오늘 수업할 내용 안내 - 자원봉사를 필요로 하는 기관 알아보기	5분	
전개	2. 자원봉사를 필요로 하는 기관에는 어떤 곳이 있고, 어떤 봉사를 필요로 하는지 알아보기 ① 부록자료 활용 - 자원봉사를 필요로 하는 기관의 종류와 기관에서 필요로 하는 봉사 내용 3. 자원봉사와 관련한 다양한 정보를 관련 사이트에서 찾아보기 ①'1365자원봉사포털', '충청북도자원봉사센터' 등	30분	부록자료, 컴퓨터, 화이트보드
정리	4. 마무리 ① 자원봉사를 필요로 하는 기관에 대해 추후 인터넷, 자료 수집 등을 통해 더 자세한 정보를 찾아볼 수 있도록 안내 ② 활동 마무리	5분	

<table>
<tr><td>회기</td><td>8회</td><td>주제</td><td colspan="2">우리 마을 자원봉사 지도 만들기</td><td>시간</td><td>40분</td></tr>
<tr><td>회기목표</td><td colspan="6">• 우리 마을에서 자원봉사활동을 할 수 있는 기관(장소) 탐색하기
• 우리 마을의 자원봉사기관(장소)에서 할 수 있는 자원봉사활동 탐색하기</td></tr>
<tr><td>구성형태</td><td colspan="3">• 모둠별 작업(5~6명)</td><td>적용대상</td><td colspan="2">초/중</td></tr>
<tr><td>단계</td><td colspan="3">내용</td><td>시간</td><td colspan="2">준비물</td></tr>
<tr><td>도입</td><td colspan="3">1. 오리엔테이션
① 인사 나누기
② 프로그램 중 지켜야 할 규칙 안내하기(규칙 PPT 활용)
③ 지난 시간에 진행했던 내용 정리하기
④ 이번 시간에 진행할 내용의 주제 및 목표 안내하기</td><td>2분</td><td colspan="2">규칙 PPT</td></tr>
<tr><td rowspan="2">전개</td><td colspan="3">2. 마을지도 그리기를 필요로 하는지 알아보기
① 우리 마을의 모습 떠올려 보기
② 우리 마을의 지리적 생김새를 구체화하기
③ 우리 마을의 지도 그리기
※ 마을지도는 봉사기관을 탐색하기 위한 도구이므로 마을 지도 만들기에 많은 시간이 할애되지 않도록 주의
※ 진행자는 마을의 지리와 기관(장소)의 기능, 주요 활동 내용, 자원봉사 거리 등을 사전에 충분히 파악한 후 프로그램을 진행</td><td>5분</td><td colspan="2">마을지도

기관모양 자석교구 (학교, 병원 등)</td></tr>
<tr><td colspan="3">3. 우리 마을 내의 자원봉사활동 기관(장소) 알아보기
① 우리 마을에 있는 자원봉사활동 기관(장소) 찾기
② 기관(장소)이 하는 역할에 대해 알아보기

4. 내가 할 수 있는 자원봉사 찾기
① 기관(장소)별 자원봉사활동거리 찾기
② 기관(장소)에서 내가 할 수 있는 자원봉사 활동거리 찾기</td><td>30분</td><td colspan="2">필기도구, 포스트잇</td></tr>
<tr><td>정리</td><td colspan="3">5. 마무리
① 실천하고 싶은 자원봉사활동 발표하기
② 이번 시간에 진행한 내용을 정리하여 전달하기
③ 다음 회기 내용 안내 및 마무리하기</td><td>3분</td><td colspan="2"></td></tr>
</table>

<table>
<tr><td>회기</td><td>9회</td><td>주제</td><td colspan="2">자원봉사 계획 세우기</td><td>시간</td><td>40분</td></tr>
<tr><td>회기목표</td><td colspan="6">• 스스로 자원봉사 계획 세우기</td></tr>
<tr><td>구성형태</td><td colspan="3">• 학급개입/개별 작업</td><td>적용대상</td><td colspan="2">초/중</td></tr>
<tr><td>단계</td><td colspan="3">내용</td><td>시간</td><td colspan="2">준비물</td></tr>
<tr><td>도입</td><td colspan="3">1. 오리엔테이션
① 모둠끼리 앉을 수 있도록 자리 정돈하기
② 프로그램의 규칙에 대해 숙지하기
③ 관심 있는 기관 하나씩 포스트잇에 기록하기</td><td>5분</td><td colspan="2">활동지,
포스트잇

지난 활동 요약 PPT</td></tr>
<tr><td>전개</td><td colspan="3">2. 자원봉사 구체적인 계획 세우기
① 모둠별로 마을 지도를 통해 관심 있는 기관에 대해 계획 세우기
② 기관 정한 후 관심 있는 기관끼리 모둠별 활동하기</td><td>30분</td><td colspan="2">PPT,
활동지</td></tr>
<tr><td>정리</td><td colspan="3">3. 마무리
① 자원봉사 인증방법 알기(자원봉사 혜택 및 대회)
② 프로그램 마무리</td><td>5분</td><td colspan="2">PPT,
활동지</td></tr>
</table>

<table>
<tr><td>회기</td><td>10회</td><td>주제</td><td>자원봉사자의 마음가짐</td><td>시간</td><td>40분</td></tr>
<tr><td>회기목표</td><td colspan="5">• 자원봉사자의 자세 알기
• 자원봉사의 원칙 알기</td></tr>
<tr><td>구성형태</td><td colspan="3">• 학급개입/개별 작업</td><td>적용대상</td><td>초/중</td></tr>
<tr><td>단계</td><td colspan="3">내용</td><td>시간</td><td>준비물</td></tr>
<tr><td>도입</td><td colspan="3">1. 오리엔테이션
① 모둠끼리 앉을 수 있도록 자리 정돈하기
② 프로그램의 규칙에 대해 숙지하기(PPT 활용)
③ 오늘 수업할 주제에 대해 안내하기</td><td>5분</td><td>규칙 PPT

지난 활동 요약 PPT</td></tr>
<tr><td>전개</td><td colspan="3">2. 자원봉사의 자세 알기
① 자봉이의 일기 보여주기

3. 자원봉사의 일곱 가지 원칙 알기
① 개별적으로 골든벨을 실시하기
② 자원봉사의 일곱 가지 원칙 알기
③ 자원봉사 에티켓 퀴즈로 알아보기</td><td>30분</td><td>필기도구,
활동지,
PPT,
강화물</td></tr>
<tr><td>정리</td><td colspan="3">4. 마무리
① 자원봉사 서약서 작성하기
② 프로그램 마무리</td><td>5분</td><td>PPT,
활동지</td></tr>
</table>

7. 참고문헌

김광호(2021). 청소년 활동이 사회성에 미치는 영향: 학교생활의 매개 효과와 성별 차이를 중심으로. **한국콘텐츠학회논문지**, 21(4), 545-554.

양정숙(2012). 청소년 자원봉사 학습 프로그램이 행복감에 미치는 영향(pp. 1-84). 제주대학교 석사학위논문.

허성호·정태연(2013). 대학생 자원봉사활동이 자기개발과 사회성개발에 미치는 영향분석: 자원봉사활동의 의미성 척도를 중심으로. **한국심리학회지: 문화 및 사회문제, 19**(2), 133-158.

저/자/소/개

유호태 신학대학에서 사회복지학을 전공하였다. 지극히 작은 자 하나를 섬기는 것이 예수님을 섬기는 일이라 믿으며, 학교에서 만나는 아이들에게 또 한 명의 엄마가 되고픈 소망을 가지고 있는 15년 차 교육복지사이다.

우선희 사회복지학을 전공하였고, 아동 · 노인 복지기관 3년을 거쳐, 2011년부터 교육지원청과 초등학교에서 교육복지사로 활동 중이다. 아이들의 웃음과 작은 변화를 통해 활력을 받으며, 함께 성장 중이다.

박연주 대학에서 사회복지학, 대학원에서 아동복지학을 전공했다. 2010년부터 학교현장에서 한길을 걸어왔다. 아이들의 작은 변화를 모아 아름다운 성장을 함께 연주해 나가는 것을 소명으로 삼으며, 그 과정 속에서 학생들의 든든한 동반자로 살아가고 있다.

선주용 22년 차 사회복지사. 현재는 아이들과 함께 달리는 사회복지사들을 바라보며 뒤에서 등을 토닥이는 조력자이다. 한 발짝 떨어져도 그 길 위에 늘 함께이길 바란다.

신윤주 대학 · 대학원에서 아동복지학을 전공했으며, 2004년부터 초등학교에서 교육복지사로 활동하고 있다. 학교 현장에서 만나는 아이들의 성장을 응원하며, 변화와 희망의 가능성을 함께 꿈꾸고 있다.

심지온 사회복지를 전공한 후 줄곧 교육현장에서 학생들의 삶과 성장을 지원해온 20년 차 사회복지사이다. 전문인력이 미배치된 학교로 진학하는 학생들의 지원이 단절되지 않기를 바라는 마음으로, 현재는 교육지원청에서 교육복지안전망을 구축하여 더 많은 학생들의 복지 향상을 위해 노력하고 있다.

양서아 대학에서 사회복지학을 공부했지만, 진정한 배움은 현장에서 시작되었다. 다양한 학생들과의 만남은 '연결'의 힘을 일깨워주었다. 2011년부터 정서적 지지와 사례관리를 중심으로 학생들의 성장을 곁에서 지켜가고 있다.

정미향 사회변화의 실천학문인 사회복지학에 대한 호기심과 동경으로 대학과 대학원에서 사회복지학을 공부하였다. 사회복지의 다양한 분야 중 그저 아이들이 좋아 20년째 학교사회복지의 길을 걷고 있다. 학생들이 살아가며 만나게 되는 수많은 사람 중 한 명의 좋은 '어른'이고 싶다.

최종일 대학교와 대학원에서 교육학, 사회복지학을 전공하고, 2007년부터 학교 현장에서 학생들을 만나고 있다. 학생 저마다의 가슴에 작은 희망을 키워갈 수 있기를 소망하며 고군분투하고 있다.

최종진 대학에서 사회복지학을 전공하고, 학생들과 함께 성장하고 싶다는 마음으로 대학원에서 학교사회복지를 공부했다. 학생들이 웃으면서 편하게 찾아올 수 있는 따뜻한 교육복지실을 만들기 위해 오늘도 최선을 다하고 있는 20년 차 교육복지사이다.

네모난 학교 속
동그란 아이들의 성장 이야기

| 공저자 | 유호태 · 우선희 · 박연주 · 선주용 · 신윤주
심지온 · 양서아 · 정미향 · 최종일 · 최종진

| 1판 1쇄 | 발행 2025년 12월 1일

| 발행인 | 김동훈
| 발행처 | **공동체**

| 주소 | 경기도 고양시 일산동구 호수로 358-39, 동문타워 1차 905호(백석동)
| 전화 | 031)814-3000(대표)
| 팩스 | 031)814-3100
| 홈페이지 | www.compub.co.kr
| 전자우편 | compub@naver.com
| 출판등록 | 2005년 10월 6일
| 등록번호 | 제396-2005-36호

| ISBN | 979-11-7554-006-4
정가 18,000원